<그리스도인이면 꼭 알아야 할 성경 지식>

한국 교회를 망친
은사주의

서울솔로몬학교 성경연수원

차 례

이 책에 인용된 성경 구절은 〈한글킹제임스성경〉입니다.

제1과

거짓 은사를 자랑하는 가짜 목사들

『거짓 은사를 스스로 자랑하는 자는 누구나 비 없는 구름과 바람 같으니라』(잠 25:14).

은사주의자들이 자주 사용하는 미끼들

“여러분의 믿음을 해방시키세요.” “이 믿음의 약속의 씨를 심으세요.” “라디오(혹은 TV)를 ‘접촉점’으로 삼아 손을 올려놓으세요.” “마귀는 패배했습니다. 여러분은 그를 결박할 수 있어요.” “우리 안에 계신 분이 더 큽니다. 기억하세요. 예수가 주라는 사실을 말이에요.” “뭔가 좋은 일이 오늘 여러분에게 일어날 것입니다.” “어젯밤 하나님께서 제게 말씀하시기를…” “손을 내밀어 그리스도의 사랑을 나누세요.”

“나사렛 예수의 이름으로 내가 명하노니, 너 더러운 영아 그 사람에게서 나올지어다.” “성령 안에서 죽으세요.” “이 기도문이 쓰인 헝겊을 여러분의 베개 밑에 넣고…” “10달러 이상의 헌금을 보내면 예수님이 기도하셨던 겟세마네 동산의 올리브 나무에서 짠 기름 몇 방울을 ‘무료’로 보내 드립니다.” “50달러의 헌금을 하면 약속의 땅의 진짜 흙을 ‘무료’로 보내 드립니다. 이 흙이 예수님이 탄생하셨던 팔레스타인 땅의 흙이 아니라고 증명하는 분께 1,000달러를 드립니다.”

“두 손을 들어 올리세요. 여러분, ‘할렐루야! 할렐루야!’라고 외치세요! 할렐루야!” “그녀에게 큰 박수를 보냅시다.” “성령이여, 이 록 음반에 기름 부으소서.” “성령이여, 이 헝겊에 기름 부으소서.” “최근에 내가 쓴 책은 성령으로 기름 부어졌습니다.”

『내가 너의 행위와… 네가… 자칭 사도라 하지만 아닌 자들을 시험하여 그들이 거짓말쟁이임을 찾아낸 것과』(계 2:2).

은사주의의 역사와 마귀에게 점유당한 거짓말쟁이들

1. 미국 성결 운동의 설교자 "벤자민 하딘 어윈"(1895년)

"오순절 은사주의[1] 운동"은 1906년에 본격적으로 시작되었지만, 그에 관한 조짐은 1895년에 이미 나타났다. "불침례성결교회"의 거짓 목사 "벤자민 하딘 어윈"(Benjamin Hardin Irwin)은 오순절 날 성령께서 임하신 사건(행 2:1-3)을 왜곡시킴으로써 성령께서 주시는 은혜가 "불의 혀," 곧 "불타오르는 사랑의 침례"(baptism of burning love)를 가져온다고 주장했다. 그러면서 그는 성령 침례를 "불 침례"로 오인했는데, 그처럼 "불"에 대한 강한 집착을 보이는 "은사주의 사기꾼들"은 『**그분은 너희에게 성령으로 또 불로 침례를 주시리라.**』(눅 3:16)라는 말씀을 근거로 성령과 불을 하나로 묶어 버렸다. 그래서 성령을 받거나 성령으로 충만하게 되는 현상을 불같이 뜨거워지는 것으로 오해하고, 심지어 부흥 집회나 신유 집회에서는 아예 "불을 내려 달라!"라고 울부짖으면서 통성으로 기도하기도 한다.

> 오순절에 나타난 것은 "불"이 아니라 『불 같은 모양으로 갈라진 혀들』(행 2:3)이었다. 그들 위에 임한 것은 "불"이 아니라 "성령 하나님"이셨다. 또한 성경 어디에도 "성령의 불"은 나오지 않는다! 오히려 "불"은 "심판의 지옥 불"이다. 『불로 침례를 주시리라... 쭉정

1) 은사주의는 20세기 초 미국에서 시작된 이단 교리로, 성경적 진리를 통한 구원보다는 성령 체험, 방언, 신유, 마귀를 내쫓음 등의 은사를 구원의 증표로 삼는 거짓 교리이며, 황홀경, 환상, 감정 고조 등의 신비적인 종교 체험을 믿음과 실행에 있어서 최종권위로 내세운다.

이는 꺼지지 않는 불로 태우시리라』(눅 3:16,17). 『하나님을 알지 못하는 자들과 우리 주 예수 그리스도의 복음에 순종치 아니하는 자들을 불길 가운데서 벌하시리니 이런 자들은 주의 임재와 그의 능력의 영광으로부터 떠나 영원한 멸망의 형벌을 받게 될 것이라』(살후 1:8,9). 다시 말해 계속해서 은사주의 목사들을 따라가게 되면 그들과 함께 지옥 불로 떨어지는 것이다.

2. 미국 캔자스주 토피카의 "찰스 파함"(1901년)

1900년대로 접어들면서 은사주의 운동은 급물살을 타기 시작했다. 1900년 10월에는 감리교 부흥사 "찰스 파함"(Charles Fox Parham)이 미국 캔자스주 토피카에 "벧엘성서신학교"를 세웠는데, 이곳이 오순절 운동의 발원지가 되었다. 그 역시 사도행전 2장의 오순절 사건을 제멋대로 해석하더니 "성령 침례(성령 세례)의 성경적 증거는 방언이다."라고 주장했고, 이 거짓말을 굳게 믿은 신학교 학생들은 3일 동안 밤낮 쉬지 않고 성령 침례를 간구했다. 그러던 중 1901년 1월 1일 새벽 여명이 밝아올 무렵 "아그네스 오즈만"이라는 여학생이 갑자기 방언을 경험했고 뒤이어 다른 학생들도 방언하기 시작했다. 하지만 그것은 성령의 역사가 아니라 사탄의 역사였다.

그것이 사탄의 역사였던 이유는, 오순절에 일어난 성령 침례의 증거가 방언이 아니라 『거친 강풍 같은 소리』와 『불 같은 모양으로 갈라진 혀들』이었기 때문이다(행 2:2,3). 또한 당시 성령 침례를 받은 120명의 제자들이 모두 방언하지 않았고 갈릴리 출신의 열한 사도만 방언을 했다(행 1:11; 2:7,14,15).

3. 미국 로스앤젤레스의 흑인 목사 "윌리엄 시무어"의 아주사 거리 성령 운동(1906년)

1906년에는 미국 캘리포니아주 로스앤젤레스의 흑인 목사인 "윌리엄 시무어"(William Joseph Seymour)가 "아주사 거리"를 중심으로 소위 성령 운동을 일으키는 가운데 방언이 확산되면서 은사주의 운동은 본격적으로 확산되었다. 우리나라에서는 이와 때를 같이하여 1907년에 길선주 목사를 중심으로 소위 "평양대부흥운동"이라는 사탄의 역사가 일어났다. 흔히들 오해하고 있듯이 평양대부흥운동은 성경적 부흥이 아니었다. 이곳 부흥의 현장에는 반드시 있어야 할 "올바른 복음"과 "바른 성경"이 없었기 때문이다. 사람들의 공개적인 죄의 자백이나 그에 따른 행동이 있었는데, 그것은 오히려 선행이나 계명을 지키는 행위가 구원과 연관되어 있다는 식의 "혼란스러운 구원관"이 자리 잡게 만들었고, "샤머니즘적인 요소들"이 한국 교회들 안에 침투하는 결과를 가져왔다.

특히 그 잘못된 부흥 운동의 중심에 있었던 "길선주"는 유교, 관성교, 선도교와 같은 한국의 전통 종교들과 샤머니즘에 심취한 사람이었다. 미혹의 영으로 충만한 상태에서 드리는 그의 기도는 수행할 때 체험하는 샤머니즘적인 요소들을 벗어나지 못했을 뿐만 아니라, 그러한 "본"(?)은 오늘날 새벽기도회나 통성기도, 철야기도회처럼 한국의 전통 종교와 샤머니즘의 방식이 한국 교회들 안에 자리 잡는 계기를 마련했다. 말하자면 "특새"(특별새벽기도회)로 많은 교인들을 끌어 모아서 돈을 번 명성교회와 같은 기형적인 "한국식 기독교"를 정착시킨 것이다.

1960년대부터는 비오순절 교단에까지 침투하기 시작함으로써, 1967년에는 로마카톨릭을 장악했고(교황은 에큐메니컬 운동의 확산을 위해 은사주의의 종교적인 체험을 이용함), 그 이후로는

> 그리스정교, 개신교, 침례교(1960-1980년에 100만 명의 침례교인들이 은사주의자들이 됨), 세계교회협의회 등을 완전히 정복했다.

4. 오순절 교회의 여자 목사 "애이미 셈플 맥퍼슨"(1920-1940년)

1920년에서 1940년 사이에 오순절 은사주의 운동은 절정에 달했는데, "애이미 셈플 맥퍼슨"(Aimee Semple McPherson)이 1923년에 "사중복음(중생, 성결, 신유, 재림) 교회"를 세움으로써 절정에 달했던 것이다. 마귀에게 사로잡힌 이 여자 목사는 "성령 세대"를 강조했고, "이른 비(오순절)와 늦은 비(1900년) 신학"을 내세웠다. "이른 비와 늦은 비 신학"은 이런 것이다. 그녀는 성경에서 "비"를 "성령"으로 해석했다. "비"를 성령으로 해석한 그녀는 사도행전 2장에서 오순절 날(A.D. 30년) 성령께서 오신 것은 "이른 비"였고, 1900년대 와서 오순절 은사주의 운동을 통해 내려오신 성령은 "늦은 비"라고 거짓말했다.

> 이른 비와 늦은 비는 성령님과 아무 관계가 없고 "실제적인 비"이다(욜 2:21-26). 더구나 두 비는 1,900년의 간격을 두고 내리지도 않는다(cf. 욜 2:23).

5. "윌리엄 M. 브랜햄"의 늦은 비 운동(1947년)

오순절 은사주의 운동은 1940년대 후반으로 접어들면서 예언, 환상, 기적, 치유 등을 본격적으로 강조하기 시작했는데, 특히 은사주의 목사 "윌리엄 브랜햄"(William M. Branham)은 "사도 직분과 선지자 직분"이 계승된다고 강조하면서 "은사의 전가"를 주장했다. 그러면서 그는 "기적을 경험하는 집회"를 열었는데, 사실 그는 삼위일체와 인간의 원죄와 예수 그리스도의 십자가의 필요성 등을 부정한 가짜 목사였다.

> 성경과 역사가 인정하는 유일한 사도적인 계승은 사도들의 사역 아래에서 개종한 사람들의 계승(행 1-28장) 외에는 없으며, 이를 왜곡시켜 사도직을 계승했다고 주장하는 로마카톨릭과 은사주의자들은 거짓말쟁이들이다.

6. 여자 목사 "캐더린 쿨만"의 신유 집회(1908-1976년)

은사주의 운동이 기적이나 치유를 본격적으로 강조하기 시작할 즈음 "캐더린 쿨만"(Kathryn Kuhlman)이 병을 고치는 "치유 집회"를 열기 시작했고 수많은 사람들이 여기에 참여하게 된다. 어느 날부터인가 그녀는 설교 도중에 몇몇 교인들이 병 고침을 받았다고 말하기 시작하면서 "믿음을 통한 신유"에 대해 설교하기 시작했는데, 그녀는 집회 때마다 오르간 전주곡이 끝난 다음에 파란색이나 하얀색의 긴 드레스를 입고 무대 위로 등장했다. 그러면 그곳에 참석한 모든 회중이 자리에서 일어나고 캐더린 쿨만은 이렇게 말한다. "오늘 이 자리에 참석하신 여러분 모두로 인해서 매우 기쁘게 생각합니다. 성령께서 우리 가운데 크게 역사하실 것입니다." 그런 가운데 감정을 흥분시키는 악기 연주와 함께 기대감에 찬 수천 명의 사람들이 찬송을 부르면서 분위기가 한껏 고조되면 캐더린 쿨만은 설교를 간단히 마치면서 갑자기 이렇게 말한다. "저 위쪽 발코니 두 번째 줄에 있는 사람의 '암'이 방금 전에 치유되었습니다. 열일곱 번째 줄에 있는 소녀도 '폐병'이 치유되었습니다. 자, 병이 치유된 사람들은 지금 당장 무대 위로 올라오세요." 그러면 소위 병 고침을 받았다고 하는 자들이 무대 위로 올라오고 그녀가 각 사람의 머리 위로 두 손을 들고 기도하면, 약속이나 한 듯이 그들 모두 바닥에 쓰러지거나 의식을 잃고 넘어지는 "마귀적인 쇼"가 벌어진다.

자신이 하나님의 특별한 능력을 받았다고 떠들어 대는 자칭 "신유자들"은 초림 당시의 예수님과 사도들을 흉내 내면서 어떤 병이든지 고칠 수 있는 권세를 가진 사람처럼 행세한다. 하지만 그들이 거짓말로 사람들을 속이는 사기꾼들이요, 마귀에게 완전히 사로잡힌 자들임을 보여 주는 강력한 증거가 여기에 있다. 『**그들이 나가 고을마다 돌아다니며 복음을 전파하고 가는 곳마다 병을 고쳐 주니라**』(눅 9:6). 다시 말해 그들은 절대로 복음을 전하는 법이 없으며, 고을마다 돌아다니면서 병을 고쳐 주지도 않는다. 그저 병을 치유해 준답시고 사람들을 꾀어서 집회 장소로 끌어 모아 병을 고쳐 주기는커녕 사기 행각으로 돈만 벌어들이고 있는 것이다.

7. "오랄 로버츠"의 신유 집회(1918-2009년)

또 한 명의 은사주의자 "오랄 로버츠"(Oral Roberts) 역시 병 고치는 신유자로 자처하면서 집회를 열었는데 사실 그의 집회는 "마귀적인 사기극"에 불과했다. 보통은 은사주의 목사들이 마귀들을 쫓아내는 의식을 행할 때 사람들이 자동적으로 뒤로 나가자빠지게 하기 위해 환자들이 서 있는 발밑에 강력한 충격을 전달하는 전기판을 깔아 놓는데, 한번은 어떤 신유 집회에서 오랄 로버츠가 병을 지닌 한 어린아이에게 "나사렛 예수의 이름으로 명하노니 병이 치유될지어다."라고 소리를 질렀지만, 그 어린아이가 서 있는 발밑 전기판에 공급되어야 할 전기가 갑자기 차단되는 바람에 뒤로 나가자빠지지 않는 사태가 발생한 적이 있었다.

또한 그가 인도하던 어떤 천막 집회에서는 갑작스럽게 몰아닥친 돌풍이 천막을 덮쳐서 7명의 사람이 구급차로 병원에 실려 갔는데, 이 신유의 은사를 받았다고 자랑하는 오랄 로버츠는 그중 단 한 사람도 치유하지 못했다. 심지어 그가 어떤 집회에서 "오늘 여러분에게 무언가 좋은 일이 일어날 것입니다."라고 지껄인 바로 그날 저녁에 그의 아들이 권총으로 자살해 버리기도 했다.

8. "존 윔버"의 빈야드 운동(1934-1997년)

1980년대 "존 윔버"(John Richard Wimber)라는 거짓 목사는 찬양을 통한 치유 사역을 시작하면서 소위 "빈야드 운동"을 일으켰다. 그는 병 고침, 마귀를 쫓아내는 것, 몸의 진동과 떨림, 거꾸러지는 현상, 소위 "입신"이라고 해서 성령 안에서 죽는 것, 술에 취한 듯한 행동, 몸부림치거나 경련을 일으키는 것, 아무 이유 없이 낄낄대며 웃거나 흐느껴 우는 모습, 비명을 지르거나 씩씩거리는 것, 혼잣말로 중얼거리거나 나귀, 사자, 암탉, 개, 돼지 등의 짐승들의 소리를 내는 것 등이 성령께서 임하신 표적이라고 주장했다. 그의 집회에는 소위 "양탄자 시간"이란 것이 있는데, 푹신한 양탄자 위로 넘어져서 몇 시간 동안 웅크리고 누워 있는 시간이다. 그는 이것을 하나님의 영광 앞에 엎드려서 "성령 안에서 휴식하는 시간"이라고 거짓말했다. 지금으로부터 약 15년 전에 점심 식사를 하다가, 짐승의 소리를 내면서 기어 다니는 은사주의자들의 집회 현장을 녹화된 영상으로 본 적이 있었는데 정말이지 "토하는" 줄 알았다. 그야말로 지옥에서 고통 가운데 울며 이를 가는 자들의 울부짖는 소리였던 것이다!

D.L. 무디의 뒤를 이어 무디성경학교의 학장으로 신실하게 사역했던 탁월한 성경학자 R.A. 토레이는 은사주의 집회의 무질서와 난잡함 그리고 "자유연애의 뜨거운 침대"라고 불리던 오순

절 운동을 둘러싼 당시의 스캔들에 대해 이 마지막 교회 시대에 나타난 가장 부도덕한 마귀적인 운동이라고 비평했다. 과연 그런 것이 성령의 역사이겠는가?

9. "랜디 클라크"의 거룩한 웃음 운동(1994년)

"랜디 클라크"(Randy Clark)라는 거짓 목사는 캐나다 토론토에서 "토론토 축복"(토론토 블레싱)이라 불리는 빈야드 현상, 곧 "거룩한 웃음 운동"을 일으켰다. 럭크만 목사님은 이들의 사기행각에 대해 그분의 책에 이렇게 쓴 적이 있다. "나는 어느 은사주의 집회에 '마귀 들린 사람'을 구경하러 갔다. 그는 두 명의 보조원에게 질질 끌려 강단으로 나갔다. 마귀 들린 사람이 몸부림치고 울부짖고 머리를 흔들고 침을 뱉는 동안 사람들은 모두 기도하기 위해 머리를 숙였다. 나도 머리는 숙였지만 눈은 반쯤 뜨고 있었다. 무슨 일이 진행되는지 잘 살피기 위해서였다. 그 '신유자'라는 사람이 앞으로 나오더니, 그의 손을 건들거리는 그 마귀 들린 자의 머리 위에 얹고 고함을 질렀다. '너 더러운 영아, 나사렛 예수 이름으로 내가 너에게 명하노니 그에게서 나갈지어다!' 그러자 마가복음 9:20처럼 그는 바닥에 쓰러져서 거품을 물고 뒹굴었다. 하지만 거기에는 성경의 내용 이외에 '추가된' 무언가가 있었다. 그 신유자라는 사람이 '그에게서 나갈지어다.'라고 소리를 지름과 동시에 그 사람 양옆에 서 있던 두 '고릴라들'('폭력배들')이 그 희생자의 다리를 걷어차면서 팔을 확 잡아당기는 것이 아닌가! 그들이 그를 넘어뜨린 것이다. '하나님께 영광을!' 마귀 들린 군중들의 환호성이 들렸다. '할렐루야!' 찬양대의 몇몇 미친 여자들이 소리를 질렀다. '오, 예수님을 송축하라!' 내 옆에 있던 어느 한심한 친구도 그들을 따라 목소리를 높였다. 물론 나는 '놀고 있네.'라고 말할 엄두는 내지 않았다. 그랬다가는 '성령을 거스르는 죄'로 몰렸을 것이기 때문이다. 그래서 나는 그냥 창자가 끊어질 만큼 웃었을 뿐이고, 항상 그렇듯이 그들은 나의 그런 비웃음을 '거룩한 웃음'으로 오해했다.

10. 미국 플로리다주 펜사콜라 브라운즈빌의 "존 킬 패트릭"(1995년)

1995년부터는 미국 플로리다주 펜사콜라 브라운즈빌에서 거짓 목사 "존 킬 패트릭"(John Kilpatrick)에 의해 빈야드 현상들이 나타났다. 이 빈야드 집회에 참석한 자들 중에는 완전히 의식을 잃은 채로 오랜 시간 집회 장소 바닥에 누워 있는 사람들이 있는가 하면, 머리를 흔들거나 경련을 일으키는 자들, 멍하니 술에 취한 듯한 상태에 있는 사람들, 머리가 혼미한 사람들, 소위 성령 안에서 이상한 춤을 추는 자들도 있었다. 그 집회에 참석한 사람들의 증언에 따르면, 성령 안에서 소위 죽임을 당해 복도에 쓰러져 있거나 심하게 울부짖고 신음하는 사람들이 있었다고 한다.

또 어떤 사람은 이렇게 증언하기도 했다. "번갯불 같은 것이 나를 쳤다. 나는 미끄러져서 넘어졌고 얼마 동안인지 몰라도 통제할 수 없을 만큼 몸을 흔들어 댔으며 마구 경련을 일으켰다. 숨이 거의 끊어질 정도로 계속 심하게 헐떡거리고 있었다. 내 머리는 경련을 일으키곤 했다. 나는 성령의 신선한 기름부음으로 충만함을 얻고 있었고 집으로 돌아오는 길에는 큰 소리로 부르짖었다." 또 어떤 사람은 이렇게 증언했다. "킬 패트릭 목사가 나를 향해 바람을 불었을 때 그 바람은 나를 완전히 때려눕혔다. 빈야드 음악이 연주될 때 사람들은 깊숙이 몸을 구부리고, 좌우로 흔들며, 비틀거리고, 강단 반대쪽으로 뛰어 다니고, 때때로 바닥에 엎어지기도 했다." 과연 이런 것들이 성령의 역사이겠는가? 이것은 누가 보더라도 "악령의 역사"임이 분명하다. 이런 것을 베드로가 앉은뱅이를 치유한 역사와 동일선상에 두려는 것 자체가 어리석고 미친 발상인 것이다.

11. "피터 와그너"(1930-2016)의 신사도 운동(2001년)

2001년 "피터 와그너"(Peter Wagner)는 "국제사도연맹"을 조직하고 "신사도 개혁운동"을 주장했다. 그는 "기성교단들은 '낡은 부대'이며 신사도적 개혁운동은 '새 부대'이다."라고 말했다. 그는 1900년대 초에 일어난 미국의 "아주사 거리 성령 운동"을 제1의 물결이라 불렀고, 1960년대와 1970년대에 일어난 "은사운동"을 제2의 물결, 1980년대의 "빈야드 운동"을 제3의 물결이라고 불렀다. 그런 다음 1999년 이후에 "예언하는 장로들의 사도협의회"라는 것을 개최했고, 2000년 과테말라 시에서는 12명을 사도로 선포하는 공개 위임식을 거행하면서 "사도 의회"를 구성하였다. 피터 와그너는 제2차 사도들의 시대가 시작된 2001년은 "예언자"와 "사도"의 잃어버린 직위들이 회복되는 때라고 주장했다.

성경에는 "제2차 사도들의 시대" 같은 것이 없으며, 성경에서 말씀하는 낡은 가죽 부대는 이스라엘이고, 새 가죽 부대는 새 포도주(성령, 행 2:13, 엡 5:18)를 받아들이는 새로운 백성, 곧 교회이다(마 9:17).

12. "베니 힌"(1952-)의 거짓 예언과 거짓 기적과 번영 신학

가장 큰 사기꾼 "베니 힌"(Benny Hinn)은 집회 때마다 소위 "장풍"을 날리는 것으로 유명하다. 그가 팔 한 번 크게 휘두르거나 양복 겉옷을 벗어서 한 번만 휘둘러도 맨 앞줄에서 스무 번째 줄까지 서 있는 사람들은 뒤로 한 번에 나가자빠진다. 그는 기독교 TV 방송에 나와 종종 이렇게 떠들어 댔다. "당신이 지금 하나님께 헌금하겠다고 서약하면, 하나님께서는 당신의 심장병을 즉시로 치료해 주실 것입니다!" 그런데 이 사기꾼이 그런 식으로 사람들을 미혹하여 벌어들인

돈이 얼마인지 아는가? 미국 NBC 방송국 데이트라인 프로그램과의 한 인터뷰에서 베니 힌은 자신의 연간 수입이 50만 달러(한화로 6억 1천만 원)가 조금 넘는다고 밝혔다. 그러나 실제로는 그 이상이었는데 100만 달러(한화로 12억 2천만 원)가 넘는 액수인 것이다.

그의 집은 태평양이 바로 눈앞에 보이는 곳에 위치해 있고, 7개의 방과 8개의 목욕탕, 10대의 자동차가 주차할 수 있는 주차 공간을 보유한 초호화 대저택으로 집값이 무려 43억 원 정도 된다. 그는 SUV 메르세데스와 컨버터블, 두 대의 자동차를 번갈아 가면서 타고 다니는데, 자동차 값이 각각 1억 원에 달한다. 그뿐만 아니라 집회가 있을 때마다 개인 전용기를 타고 다니는데 비행기 유지비만 해도 1년에 약 18억 원이다. 또한 각 지역과 국가를 돌아다니면서 집회를 가질 때마다 최고급 호텔의 최고급 스위트룸에만 머무는데, 비용이 하룻밤에 123만 원에서 370만 원 정도이다. 거짓 은사로 사기 쳐서 돈을 번 고(故) 조용기 목사나 김기동 목사 역시 그에게 결코 뒤지지 않는다!

특히 그가 했던 거짓 예언들은 다음과 같다. "2년 내에 안경을 끼고 긴 머리를 한 이탈리아인이 새로운 교황으로 등장할 것이고, 또 2년 안에 이슬람교에서 개종한 한 이집트 청년의 복음 전파로 수십만 명의 모슬렘들이 그리스도를 영접할 것이다"(〈Charisma〉, 2000년 8월 호〉). "사람들은 장례식을 취소할 것이고, 그들의 죽은 자들을 관에 넣은 채로 텔레비전 앞으로 들고 와 하나님의 능력이 그들을 만지기를 기다릴 것이다." 한편 그는 "나는 성령의 기름 부으심을 받기 위해 종종 '캐더린 쿨만'과 '애이미 셈플 맥퍼슨'의 무덤을 찾아가는데, 그때마다 '하나님의 강력한 기름 부으심을 느낀다'고 말했다.

이것이 은사주의 목사들의 실체라는 것을 기억해야 한다. 이들은 예수님과 사도들을 모방하거나 흉내 내는 자들로서 자칭 하나님의 특별한 기름 부으심을 받았다고 거짓말한다. 그들은 자신들이 안수하면 병을 고칠 수 있다고 주장하는데 그러다가 병을 고치지 못하는 날에는 병자의 믿음에 문제가 있다고 책망을 전가하기도 한다. 그러나 예수님께서는 안수하지 않고서도 치유하신 적이 많으며(백부장의 종의 경우), 병자 당사자의 믿음과 관계없이 치유하신 경우도 많다(백부장의 종의 치유, 중풍병자를 치유하고자 침상을 메고 온 사람들, 막 2:5). 예수 그리스도께서 임명하신 사도들 역시 병자의 믿음과 관계없이 치유해 주었다(행 5:16). 물론 성경에는 치유와 관련하여 "믿음을 강조하는 사례"도 나오지만(마 17:17, 행 14:9), 하나님께서 행하시는 치유는 병자의 믿음에 전혀 제한받지 않으셨다. 더군다나 오늘날의 가짜 신유자들이 치유할 때면 주로 사람들을 뒤로 넘어뜨리지만, 예수님께서는 오히려 손을 잡고 일으키신다. 말하자면 이들 거짓 은사주의자들은 자칭 사도들이라고 하지만 사실은 거짓말쟁이들인 것이다.

언제까지 그들의 손에 놀아날 것인가? 얼마나 더 목소리를 높여야 정신을 차릴 것인가? 한국 교회를 망친 오순절 은사주의 목사들에게서 빠져 나오라! 그들은 위선자들이며 정직하지 못하다. 그들에게 속지 말라! 그들은 거짓말의 아비(요 8:44) 마귀가 내세운 "거짓말쟁이들"이라는 사실을 직시해야 한다. 『**내가 너의 행위와 수고와 인내를 알며, 또 네가 어떻게 악한 자들을 용납지 아니한 것과 자칭 사도라 하지만 아닌 자들을 시험하여 그들이 거짓말쟁이임을 찾아낸 것과 또 네가 참고 인내하며 내 이름을 위하여 수고하고, 지치지 않은 것을 아노라**』(계 2:2,3).

■ 새롭게 깨달았거나 적용할 내용이 있다면 적어 보세요. ■

제2과

은사주의자들의 치유는 사기다

『이로 인하여 하나님께서 그들에게 강력 한 미혹을 보내시어 거짓말을 믿게 하심 은 진리를 믿지 않고 불의를 좋아하는 모든 자로 심판 을 받게 하려 하심이라』(살후 2:11,12).

저주받을 다른 복음 "은사주의"

오늘날 성행하는 대부분의 "이단들"은 자신들의 이단 교리를 뒷받침하기 위해 성경 말씀을 "왜곡"하고 있다. 특히 하나님의 경륜의 변화에 따라 과도기적인 상황에 적용되는 구절들을 근거 구절로 제시함으로써 사람들을 미혹한다(마 24,25장, 행 2:38, 히 3,6,10장). 예수 그리스도의 은혜의 복음을 명백히 제시하는 구절들을(요 3:16, 엡 2:8,9, 고전 15:1-4, 요 1:12) 제쳐두고, 환란 시대의 교리들을 교회 시대에 억지로 적용해서 사람들을 실족하게 만드는 것이다(벧전 2:8). 이런 방식으로 사람들을 쉽게 장악해 버린 비성경적인 집단이 있으니 곧 신비적인 종교 체험을 믿음과 실행에 있어서 최종권위로 받아들이고 있는 "은사주의자들"이다. 이 집단의 위험성은, 성경 말씀과 자신의 신비적 체험이 충돌될 때 자신이 경험한 신비적 체험을 우선함으로써 말씀의 권위를 무시하는 데 있다. 이 시대에 하나님으로부터 직접 계시를 받는 사람은 없다. 만일 그렇게 주장하는 사람이 있다면 그 사람은 자기 감정과 기분을 말하는 것이며, 다른 사람들에게 거짓말을 하고 있는 것이다. 거짓 방언, 거짓 은사, 거짓 이적들로 속이는 것은 성령님의 인도하심이 아니라 명백한 사탄의 속임수임을 명심해야 한다.

■ 새롭게 깨달았거나 적용할 내용이 있다면 적어 보세요. ■

성경이 말씀하는 "신유"

"신유"(神癒, divine healing)는 인간의 육체적, 정신적, 영적 질병이나 허약함을 의술을 사용하지 않고 오직 하나님께로부터 오는 초자연적인 방식으로 병을 치유하는 것을 의미한다. 인간의 눈은 사람을 외양적으로만 볼 수 있지만, 하나님의 눈은 사람의 속마음을 살피신다. 하나님의 생각과 인간의 생각은 다르다(삼상 16:7, 사 55:8). 하나님께서는 징계의 방법으로 육체의 고통을 쓰시기도 하신다. 세상 중심적으로 살려는 성도를 주님 중심적인 삶으로 인도하시는 것이 하나님의 방법이다(히 12:3-11, 욥 23:10). 하나님은 능력이 없으셔서 치유하지 못하시는 것이 아니라, 아무나 무조건 치유해 주지 않으신다. 하나님께서는 치유하시는 분이시다. 다만 그 치유 받을 사람이 누구인가가 문제이다.

바울은 자신의 몸속에 있는 가시를 제거해달라고 세 번이나 기도했지만(고후 12:8) 하나님께서는 바울을 치유해 주지 않으셨다. 우리는 하나님의 뜻을 존중하고 뜻대로 이뤄주시도록 기도하는 것일 뿐, 하나님께 내 뜻대로 움직이셔야 한다고 명령하고 지시하는 것이 아님을 알아야 한다. 모든 병이 다 치유받는 것이 하나님의 뜻은 아니다. 그리스도인에게 병이 생겼다면 우연한 일이 아니다. 자신을 잘 살펴보고 외적이나 내적 요인이 없다면 대부분의 경우 기도하면 치유 받는다. 그러나 자신과 주님과의 관계 정상화에 이상이 있을 때는 죄들을 자백하고 주님 앞에 바로 서야 한다.

1. 구약 시대의 신유

성경에 등장하는 "최초의 신유"는 모세오경 중 하나인 "출애굽기"에서 발견된다. 주 하나님께서 신유를 표적으로서 제시하셔야 했던 근본적인 이유는, 모세를 비롯한 이스라엘 백성들의 불신앙 때문이었다. 하나님께서는 믿음 없는 이스라엘 백성들에게 보여 주시기 위해 출애굽기 4장에서 "세 가지 표적"을 제시하셨다.

1. 막대기로 뱀을 만들었다가 다시 막대기로 만드는 표적(2-5절)
2. 모세의 손을 문둥병에 걸리게 하셨다가 "치유"하신 표적(6-8절)
3. 강물을 떠다가 마른 땅에 부어 피로 만드신 표적(9절)

이 세 가지 표적을 "최초로 경험"한 사람은 하나님의 말씀을 불신했던 모세였고, 그다음은 노예 상태의 이스라엘 백성들이었다. 이 표적들을 보여 주신 후, 하나님께서는 이집트에서 메뚜기의 재앙을 내리시기 전에 모세에게 다음과 같이 말씀하셨다.

『내가 이집트에서 행한 일들과 내가 그들 가운데서 행한 내 표적들을, 너로 네 아들과 네 아들의 아들의 귀에 전하게 하려 함이요, 내가 어찌하여 **주**인가를 너희로 알게 하려는 것이라." 하시더라』(출 10:2).

위의 성경 구절은 "왜 유대인들은 하나님으로부터 표적들을 기대하게 되었는지"를 계시해 준다. 이런 일들이 있었던 이후로 이스라엘은 하나님께로부터 오는 표적들과 관련된 일들을 자손들의 귀를 통해 대대로 전하게 되었고, 이로 인해 이스라엘 민족 안에는 하나님께로부터 나오는 일들에 관한 "증거"로서 "표적"을 기대하는 민족적인 기질이 자연스럽게 형성되었다. 이에 대해 성경은 유대인들이 표적을 구한다고 말씀하고, 또한 표적은 "믿지 않는 유대인들"을 위한 것이라고 말씀한다(고전 14:22).

『유대인들은 표적을 구하고 헬라인들은 지혜를 찾지만』(고전 1:22) 『그러므로 방언들은 믿는 사람들을 위한 것이 아니라 믿지 않는 사람들을 위한 표적이지만 예언은 믿지 않는 사람들을 위한 것이 아니고 믿는 사람들을 위한 것이라』(고전 14:22).

2. 초림 당시 예수 그리스도의 표적으로서의 신유

초림 당시 유대인들의 왕이요 메시아로 오신 주 예수 그리스도께서는 그들을 회개하게 하시어 물리적이고 정치적인 지상 왕국(천년왕국)을 도래시키시려고 열두 제자를 보내시면서 다음과 같이 말씀하셨다.

『예수께서 이 열둘을 보내시면서 그들에게 명령하여 말씀하시기를 "이방인들의 길로도 가지 말고, 또 사마리아인의 성읍에도 들어가지 말고, 다만 이스라엘 집의 잃어버린 양에게로 가라. 가서 전할 때, '천국이 가까이 왔다.'고 말하고, 병든 자들을 고쳐 주고, 문둥병자들을 깨끗게 하며, 죽은 자들을 살리고, 마귀들을 내어쫓으라』(마 10:5-8).

예수 그리스도께서는 자신이 구약에서 예언된 메시아이심을 증명하시기 위해 제자들에게도 동일한 "표적들"을 행할 수 있는 권세를 주셨으며, 그 표적들 중에는 "신유"가 포함되어 있었다. 이러한 병 고침의 표적은 구약에서부터 계속해서 왕국의 표적으로 예언된 것이었기 때문에(겔 34:16, 사 33:24; 35:6), 그 왕국의 백성인 이스라엘을 향해 "천국 복음"(왕국 복음)을 전파할 임무를 부여받은 열두 제자에게 "신유의 표적"을 행할 수 있게 하신 것은 당연한 일이었다(신 18:21,22, 요 6:30). 여기에서 유의할 점은, 주님께서 천국 복음의 표적으로 제자들에게 "신유"를 허락하셨을 때, **그 복음에는 예수 그리스도의 죽음과 장사와 부활이 포함되어 있지 않았다는 사실이다**. 이 천국 복음에는 하나님의 피로 인한 구속과 거듭남, 그리스도의 유기체이자 신부인 교회에 대한 계시가 담겨 있지 않았다.

> "신유의 표적"은 교회 시대의 은혜의 복음과 관련이 없고, 오로지 표적을 구하는 이스라엘의 잃어버린 양(유대인)을 대상으로 한 초자연적인 증거 수단이었다(고전 1:22). 왕국 복음과 은혜의 복음을 올바르게 구분하지 않으면 이단 교리를 양산해 낼 수밖에 없다. 그리스도의 복음을 변개시키는 자들은 하늘에서 온 천사라 할지라도 저주를 받을 것이라고 성경은 경고하신다(갈 1:7,8).

구분	천국 복음(왕국 복음)	하나님 나라의 복음(은혜의 복음)
전파 대상	"믿지 않는" 이스라엘(마 10:5)	구원받지 못한 모든 죄인들(행 15:9,11)
전파 시기	조림, "교회가 휴거된 이후"인 환란 시대	교회 시대(휴거 전까지)
전파 내용	회개하라, 천국이 가까이 왔느니라(마 4:17) 메시아의 통치를 선포	예수 그리스도의 죽음, 장사, 부활(고전 15:1-4) 보혈의 공로를 통한 구속
구원 방법	믿음과 행위(마 5-7장)	오직 믿음으로 받는 구원(엡 2:8,9)
특징	표적들과 이적들이 증거됨	복음만이 증거됨(롬 1:16)
왕국	물리적인 왕국(천국) 강조	영적인 왕국(하나님의 나라) 강조

3. 오순절 이후의 신유

주 예수 그리스도께서 유대인들의 거부로 인해 십자가에 죽으셨고, 장사된 지 사흘 만에 부활하셨지만, 제자들은 계속해서 천국 복음을 전파했다(행 1-7장). 주님께서 약속하신 대로 오순절에 성령께서 오셨을 때, 사도들에게 "방언과 표적들과 이적들"이 나타났다(행 2-6장).

사도행전 7장에서 하나님께서 스테판을 통해 유대인들에게 예수 그리스도를 메시아로 받아들이라는 최후통첩을 하셨을 때, 그들은 스테판을 돌로 쳐 죽이고 예수 그리스도를 거부했다. 그래서 왕국은 연기되고 교회 시대와 은혜의 복음이 역사 전면에 드러나게 된 것이다(행 9장, 딤전 1:11).

4. 사도 시대의 신유

안수해서 병이 낫고, 표적들과 이적들이 주의 거룩하신 아들 예수의 이름으로 일어나는 표적(행 4:30), 곧 유대인을 대상으로 하는 사도들의 표적은 사도행전 7장을 기점으로 서서히 사라져 갔다. 사도 바울도 하나님께 세 번이나 간절히 기도했던 질병, 곧 자신의 육체의 가시인 눈병을 치유 받지 못하여, 그의 생애 후반기에는 로마의 감옥까지 의사 누가를 대동할 수밖에 없었다(고후 12:7-10, 딤후 4:11). 또한 그의 동역자 트로피모가 병이 들었을 때는 그를 밀레토에 남겨 둘 수밖에 없었고(딤후 4:20), 그의 친아들 같은 디모데의 경우에도 그의 위장병에 포도주를 약으로 쓰라고 했다(딤전 5:23). 사도들의 표적은 A.D. 66년경을 기점으로 완전히 끝나 버리는 것이다!

거짓 교사들은 성경을 형식적 수단으로 삼아 사람들을 모으는 데 써왔다. 성경에 무지한 자들은 오늘날에도 은사를 더 많이 가졌다는 자들에게 현혹되어 자신들의 생을 허비한다.

은사주의자들은 사도들의 행적을 기록한 사도행전을 교리적인 실행의 근거로 삼고 있다. 그들은 사도행전이 유대인의 경륜에서 이방인을 중심으로 하는 교회의 경륜으로 넘어가는 과도기적인 책이라는 사실에 무지하기 때문에, 사복음서와 사도행전의 일부 구절을 근거로 "신유"를 교회 시대의 교리로 가르치고 있는 오류를 범하고 있다. <u>성령의 능력을 가장 많이 외치는 자들이 정작 성령님과 "성령의 은사"에 대해 가장 모르고 있는 것이다(요 14:16,17)</u>.

성령 하나님께서 은사를 주신 목적

구분	구약 시대	예수님의 지상 사역	초기 교회	교회 시대
대상	하나님의 일을 섬기는 사역자들	열두 제자	열두 사도를 비롯한 제자들	구원받은 성도들
관련 구절	출 36:1	마 10:1	막 16:15-18	엡 4:12
내용	성막을 만드는 사람들에게 지혜와 명철을 주심	주님께로부터 기적과 표적의 권능을 받음		성도들 각자에게 은사를 주심
목적	성소를 섬기는 데 필요한 일을 할 수 있도록	"믿지 않는" 유대인들에게 메시아를 증거하기 위해 표적이 주어짐		그리스도의 몸 된 교회와 성도들을 섬기기 위해

■ 새롭게 깨달았거나 적용할 내용이 있다면 적어 보세요. ■

교회시대에 "신유"가 웬말인가?

1. 위조된 "가짜 신유"

"은사"에 해당되는 헬라어는 "카리스마"(charisma)로 "재능을 받았다"는 뜻이다. 따라서 "은사주의자들"은 자신들이 다른 그리스도인들보다 하나님께로부터 더 특별한 "은사들"을 받았다는 주장을 하고 싶어 한다.

■ "증거 신학"의 "세 가지 오류" ■

❶ "마귀의 권세는 정복되었고, 천국은 이미 교회를 통해 지상에 부분적으로 임했으며, 영적 이스라엘인 교회가 유대인들을 대신한다."는 오류이다.

❷ 『예수 그리스도는 어제나 오늘이나 영원토록 동일하시니라.』(히 13:8)라는 말씀을 근거로 모든 성경을 해석하는 오류이다.

❸ "예수 그리스도께서 이루신 속죄를 통해 은혜의 복음을 증거할 때 하나님의 신유가 나타날 수 있다."는 오류이다.

은사주의자들은 이상 세 가지 오류를 근간으로 하여, 유대인 사도들이 사역하는 동안 이스라엘에게 증거하라고 주어진 "표적들과 이적들"(고전 1:22)이 마지막 사도가 죽은 이후에도, 곧 소위 "이방인 사도들"이라고 자처하는 "그들"에게도 "초자연적인 은사의 형태"로 특별하게 주어졌다고 주장한다.

2. 거짓 사도들의 "거짓 표적인 신유"

은사주의자들은 마가복음 16:15-18을 신약의 교회들에게 주신 명령이라고 말함으로써, 은혜의 복음은 "신유"와 같은 표적과 더불어 증거되는 것이 타당하다고 주장한다.

『또 주께서 그들에게 말씀하시기를 "너희는 온 세상에 가서 모든 피조물에게 복음을 전파하라. 믿고 침례를 받는 자는 구원을 받을 것이나 믿지 않는 자는 정죄함을 받으리라. 믿는 자들에게는 이러한 표적들이 따르리니, 즉 내 이름으로 그들이 마귀들을 쫓아내고 또 새 방언들로 말하리라. 그들은 뱀들을 집을 것이요, 어떤 독을 마실지라도 결코 해를 입지 않을 것이며, 병자에게 안수하면 그들이 회복되리라."고 하시더라』(막 16:15-18).

또한 은사주의자들은 천국 복음과 바울에게 계시된 은혜의 복음을 혼동한다. 위 구절에 제시된 표적들은 "왕국 복음"의 표적들이기 때문에, 주 예수 그리스도께서 바울에게 전파하라고 위임하신 하나님의 나라의 복음이나 교회 시대의 사역과는 전혀 무관하다. 은사주의자들은 "성령의 능력"을 부르짖지만, 진정으로 은혜의 복음을 전파하는 사람이라면 주 예수 그리스도의 십자가와 그 보혈의 공로를 주장해야 한다. 성경은 이 교회 시대에 은혜의 복음이 아닌 다른 복음을 전하게 되면 "저주"를 받게 될 것이라고 경고한다(고전 1:18; 갈 1:8,9).

3. 마지막 때의 강력한 미혹 "은사주의"

하나님의 말씀이 명백하게 "성령님께서 사역하시는 방법"은 경륜에 따라 다르다는 것을 증명하고 계신데도 불구하고 수많은 사람들이 미혹에서 빠져나오지 못하거나 그것을 분별하지 못하고 있다. 이와 관련해서 성경은 마지막 때에 악한 영의 강력한 미혹의 역사가 있을 것이라고 경고한다.

『거짓 그리스도들과 거짓 선지자들이 일어나서 큰 표적들과 이적들을 보여 주어, 할 수만 있다면 그 택함받은 자들도 미혹하리라』(마 24:24). 『이것은 놀랄 일이 아니니 이는 사탄도 자신을 빛의 천사로 가장하기 때문이라』(고후 11:14). 『이제 성령께서 분명히 말씀하시나니, 마지막 때에 어떤 자들이 믿음에서 떠나 미혹하는 영들과 마귀들의 교리들을 따르리라』(딤전 4:1)

<u>오순절 은사주의자들과 "큰 창녀"인 로마카톨릭(계 17:1,5)의 연합은 성경적으로 매우 중요한 의미를 갖고 있다</u>. 그것은 멸망의 아들인 적그리스도가 "치유"(신유)의 기적을 일으키는 "은사주의자"로 등장할 것이기 때문이다(계 13:3, 12,14; 16:14).

『그 악한 자가 오는 것은 사탄의 역사에 따라 모든 능력과 표적들과 거짓 이적들과, 멸망하는 자들 안에 있는 모든 불의의 속임수로 오는 것이니, 이는 그들이 진리의 사랑을 받아들이지 아니하여 구원을 받지 못하였기 때문이라』(살후 2:9,10).

■ 새롭게 깨달았거나 적용할 내용이 있다면 적어 보세요. ■

에큐메니컬 운동을 이끄는 은사주의

1948년에 창설된 세계교회협의회(World Council of Churches, WCC)가 에큐메니컬 운동을 전개할 당시만 해도 로마카톨릭은 참가하지 않았다. 그러다가 1960년대 초부터는 이 은사주의 운동을 통해 "성령과 연합과 사랑"의 이름 안에 개신교를 모두 끌어들일 수 있고, 교단들 간의 성경과 교리적 차이를 극복하여 모두를 "하나"가 되게 할 수 있다는 것을 알게 된 후로는 이 운동을 적극적으로 수용하기에 이르렀다.

참다운 하나님의 말씀의 권위가 없는 자들은 바른 성경이든 변개된 성경이든 전혀 상관하지 않는다. 오직 교회 성장에만 관심이 있을 뿐이라서 거듭나지 않은 죄인들을 데려다가 복음을 전하기는커녕, 은사주의에 매달리게 한다. "하나"가 된 죄인들이 이 세상에 하나님이 없는 유토피아를 세우려고 시도할 때, 주님께서는 오히려 인간들의 "하나 됨"(정치, 문화, 언어, 경제, 인종, 통신, 종교 등)을 역으로 이용하셔서 그들을 한데 묶어 태워 버리신다(마 13:30).

찰스 스펄전은 "분별력이란, 옳은 것과 그른 것의 차이를 이해하는 것이 아니라, 옳은 것과 거의 옳은 것처럼 보이는 것의 차이를 구별하는 것이다."라고 말했다. 따라서 바른 성경과 진리의 지식을 통해 거짓 사도와 거짓 은사임이 드러났음에도 불구하고, 신유와 기적을 일으킬 수 있다고 주장하는 모든 은사주의자들은 하나님과 성경을 명백하게 거스르고 있는 "거짓말쟁이요," 사탄의 하수인인 것을 알 수 있다(계 2:2,3, 고후 11:13, 벧후 2:1, 마 7:22,23). 『**거짓 은사를 스스로 자랑하는 자는 누구나 비 없는 구름과 바람 같으니라**』(잠 25:14).

제3과

방언 : 지옥에서 올라오는 짐승의 소리

『그러나 교회 안에서는 일만 마디의 알지 못하는 방언으로 말하기보다는 차라리 나의 지각으로 다섯 마디 말을 하여 나의 말로 다른 사람들을 가르칠 수 있기를 원하노라』(고전 14:19).

변개된 성경이 낳은 거짓 방언

방언은 "믿지 않는 유대인들"을 위한 표적이었다. 신약의 믿는 그리스도인들에게 필요한 것은 표적이 아니라 "믿음"이다(고후 5:7). 사도행전 2장에서 성령님께서 강림하신 사건은 주님께서 승천하시기 전에 약속하신 "성령 침례"(행 1:5)가 성취된 것이다. 오순절에 주님의 약속을 기다린 사람은 약 120명이었지만, 그날 성령 침례를 받은 사람들 가운데 방언을 한 사람은 "열두 사도"뿐이었다. 즉 "성령 침례"(그리스도의 몸 안으로 들어가는 영적 침례)를 받은 모든 사람이 방언을 하는 것이 아니라는 것이다. 고린도전서 12:27-30에서는 『**이제 너희는 그리스도의 몸이요 개별적으로는 그 지체들이라... 다 방언들을 말하겠느냐?**』라고 반문한다. 방언은 "그리스도의 몸"의 지체들에게 주어지는 다양한 은사들 가운데 하나였을 뿐이다. 열두 사도들만 실행했던 사도행전 2장의 방언은 이 성경의 원칙대로 정확히 이루어진 것이다. 오순절 은사주의자들은 고린도전서 14장의 방언을 사도행전 2장의 외국어와 다르다고 주장함으로써 많은 혼란을 야기했다. 특히 "알지 못하는 방언"의 의미를 오해하여 그것을 사람이 알 수 없는 소리라면서 변개된 성경을 근거로 많은 사람들을 오염시켰던 것이다.

■ 새롭게 깨달았거나 적용할 내용이 있다면 적어 보세요. ■

방언이란 무엇인가?

방언(方言, tongue)이란 외국어를 배운 적이 없는 사람이 일시적으로 그 외국어를 초자연적으로 이해하고 말함으로써 하나님의 계시를 확증해 주던 사도들 시대의 표적이었다. 방언에 관해 성경에 기록된 표현들을 살펴보면, “인간의 혀로 말하는 특정 지방의 언어”임을 알 수 있다.

▪ 방언에 관한 성경의 표현 ▪

❶ 헬라어 : 글로싸(γλῶσσα) - 혀(tongue), 언어(language)

❷ 영어 : tongue - 혀, 언어(language)

❸ 우리말 : 방언(方言) - 특정 지방의 말

❹ 사도행전 2장과 고린도전서 14장의 방언 ➧ 글로싸(γλῶσσα)

➡ 성경적인 방언 : “인간의 혀로 말하는 특정 지방의 언어”

“믿지 않는 유대인들을 위한 표적”으로서의 방언

『유대인들은 표적을 구하고』(고전 1:22). 『선생님, 우리는 선생님에게서 표적을 보기 원하나이다』(마 12:38). 『바리새인들과 사두개인들이 주께 와서 주를 시험하여 하늘로부터 온 표적을 보여 달라고 요구하더라』(마 16:1). 『그러자 예수께서 그에게 말씀하시기를 “너희는 표적들과 이적들을 보지 아니하고는 전혀 믿지 아니하리라.”고 하시더라』(요 4:48). 『그러므로 그들이 주께 말씀드리기를 “그러면 주께서

『우리가 보고 주님을 믿을 무슨 표적을 보여 주시겠나이까? 무슨 일을 행하시겠나이까?』(요 6:30)

"유대인들"은 표적을 구한다. 유대인들에게 설명하기 위해 사도 바울은 고린도전서 14장에서 이사야 28:11,12을 인용했다.

『율법에 기록되기를 "주가 말하노라. 내가 이 백성에게 다른 방언들과 다른 입술들을 가진 사람들을 통해 말할 것이지만 그들은 그 모든 것으로도 내게 듣지 않을 것이라."고 하였느니라. 그러므로 방언들은 믿는 사람들을 위한 것이 아니라 믿지 않는 사람들을 위한 표적이지만』(고전 14:21,22).

- 인용 : 이사야 28:11,12 - 『이는 그가 더듬는 입술과 다른 언어로 이 백성에게 말씀하실 것임이라. 그가 그들에게 말씀하시기를 "이것이 너희가 피곤한 자로 쉬게 하는 쉼이며, 이것이 기운을 새롭게 하는 것이라." 하셨으나, 그들이 들으려 하지 아니하였도다.』
- 성취 : 사도행전 2:4 - 『그들 모두가 성령으로 충만하여 성령께서 그들에게 발설하게 하신 대로 다른 방언들로 말하기 시작하더라.』

이사야 28:11의 "다른 언어"는 사도행전 2장에서 "외국어"로, 고린도전서 14장에서는 "알지 못하는 방언"으로 제시된다. 다시 말해 방언은 "이 백성"(유대인들)의 "믿지 않는 사람들을 위한 표적"으로서의 "외국어"인 것이다.

반면 신약의 믿는 그리스도인들에게 필요한 것은 표적이 아니라 "믿음"이다(고후 5:7). 사도들의 시대는 예수 그리스도의 죽으심을 기점으로 단순히 성경 순서에 따른 구분이 아닌 "경륜적으로" 구약에서 신약으로 넘어가는 과도기였기에 구약과 신약의 요소가 혼재되어 있었다. 그러나 사도들의 시대가 저물면서 표적들은 중지되었다. 방언은 A.D. 54년(행 19장)부터 59년(고전 14장)까지는 성경에 나타나나, **A.D. 59년 이후에** 기록된 서신서들에는 방언에 대한 언급이 전혀 없다. 바울이 독사에게 물렸지만 사도이기에 보호받았던 A.D. 62**년(행 28장)**을 끝으로 성경에 표적들과 이적들은 더 이상 나타나지 않는다. 이후 A.D. 65,66년에 기록된 디모데전후서를 통해 바울의 신유 은사가 중단되었음을 알 수 있다. 적어도 A.D. 65,66년에는 표적과 이적이 거의 완전하게 사라진 것이다. 바울은 A.D. 67년경에 로마에서 순교했다.

사도행전 2장의 방언

『그후 오순절 날이 되자 그들이 다 하나가 되어 한 장소에 모였는데 갑자기 하늘에서 거친 강풍 같은 소리가 나더니 그들이 앉아 있는 온 집안을 가득 채우더라. 거기에 불 같은 모양으로 갈라진 혀들이 나타나 그들 각 사람 위에 머물더니 그들 모두가 성령으로 충만하여 성령께서 그들에게 발설하게 하신 대로 다른 방언들로 말하기 시작하더라』(행 2:1-4).

위의 사도행전 2장의 성령 강림 사건은 주님께서 승천하시기 전에 사도행전 1:5에서 약속하신 "성령 침례"가 성취된 것이다. **『요한은 정녕 물로 침례를 주었으나 너희는 여러 날이 지나지 않아 성령으로 침례를 받으리라.』** 오순절에 주님의 이 약속을 기다린 사람은 약 120명이었지만, 그날 성령 침례를 받은 사람들 가운데 방언을 한 사람은 "열두 사도"뿐이었다.

『그들이 제비를 뽑으니 맛디아에게 떨어진지라, 그가 열한 사도와 함께 계수되더라. 그후 오순절 날이 되자 그들이 다 하나가 되어 한 장소에 모였는데... 그들 모두가 성령으로 충만하여 성령께서 그들에게 발설하게 하신 대로 다른 방언들로 말하기 시작하더라... 그러자 그들이 모두 놀라고 이상히 여겨 서로 말하기를 "보라, 말하고 있는 이 사람들은 모두 갈릴리 사람이 아니냐?... 그때 베드로가 열한 사도와 함께 일어서서 목소리를 높여 그들에게 말하기를』(행 1:26-2:14).

사도행전 2장의 방언은, 유대인들이 십자가에 못 박은 예수 그리스도가 그들이 기다리던 바로 그 메시아이셨음을 **천하각국으로부터 온 『신앙심이 깊은 유대인들』(행 2:5)에게 증명하기 위한 표적으로서** 사용되었다(고전 1:22; 14:21,22). 사도행전 2장의 그 유대인들은 『**각 사람이... 태어난 곳의 고유 언어로 말하는 것을**』(8절) 듣고 놀라워하며 선포된 메시지를 믿게 되었다. 그들이 듣고 또 "알아들은" 방언은 그들이 태어난 바로 그곳의 고유 언어, 곧 "외국어"였던 것이다.

즉 "성령 침례"(그리스도의 몸 안으로 들어가는 영적 침례)를 받은 모든 사람이 방언을 하는 것이 아니라는 것이다. 고린도전서 12:27-30에서는 『**이제 너희는 그리스도의 몸이요 개별적으로는 그 지체들이라... 다 방언들을 말하겠느냐?**』라고 반문한다. 방언은 "그리스도의 몸"의 지체들에게 주어지는 다양한 은사들 가운데 하나였을 뿐이다. 열두 사도들만 실행했던 사도행전 2장의 방언은 이 성경의 원칙대로 정확히 이루어진 것이다.

■ 새롭게 깨달았거나 적용할 내용이 있다면 적어 보세요. ■

사도행전 10장의 방언

『베드로가 아직 이런 말을 하고 있을 때 성령께서 그 말씀을 듣는 모든 사람에게 임하시더라. 그러므로 베드로와 함께 온 모든 할례받은 믿는 자들이 성령의 선물을 이방인들에게도 부어 주심을 보고 놀라니 이는 그들이 방언으로 말하며 하나님을 높이는 것을 들음이라』(행 10:44-46).

코넬료와 그 집 안에 있던 이방인들이 성령의 임재로 "방언"을 하게 된 것은, 그들 앞에 있던 "표적을 구하는 유대인"(베드로)에게 경륜이 "이방인들"에게로 옮겨 가고 있음을 가시적으로 보여 주기 위함이었다.

사도행전은 "유대인의 경륜에서 교회의 경륜으로" 경륜이 이동하는 것을 보여 주는 과도기적인 책이다. 이방인들에게 임한 방언의 표적을 보고서 경륜의 이동을 깨달은 베드로가 예루살렘 회의 때 했던 고백을 들어 보라. **『많은 논의가 있은 후에 베드로가 일어나서 그들에게 말하기를 "형제 여러분, 당신들이 아는 대로 하나님께서 오래전부터 우리 가운데 택하시어 나의 입을 통하여 이방인들이 복음의 말씀을 듣고 믿게 하셨느니라. 마음을 아시는 하나님께서는 우리에게 행하신 것과 마찬가지로 그들[이방인들]에게도 증거하시어 성령을 주셨으며 우리와 그들 사이에 어떤 차이도 두지 아니하셨으니 믿음으로 그들의 마음을 정결케 하셨느니라. 그런데 이제 너희가 어찌하여 하나님을 시험하여 우리의 조상이나 우리도 감당할 수 없었던 멍에를 제자들의 목에 걸려고 하느냐? 우리는 주 예수 그리스도의 은혜로 구원받는 것을 믿으며 그들도 마찬가지니라."고 하더라』**(행 15:7-11).

사도행전 19장의 방언

『그리하여 바울이 그들에게 안수하니 성령께서 그들 위에 임하시어 그들이 방언들로 말하며 예언하니 그들은 모두 열두 명쯤 되니라』(행 19:6,7).

바울의 안수를 받은 사람들은 유대인 제자들이었다(행 19:1). 아폴로처럼 요한의 침례만 알고 있던(행 18:25; 19:3) 그 "유대인들"이 안수받을 때 "방언"을 하게 된 것은, 이전에 아폴로가 전파했던 "요한의 침례"(행 18:25)를 바울의 복음이 폐지시킨다는 사실을(행 20:4) 그 자리에서 증명하기 위함이었다. 즉 바울의 복음이 이전 것으로부터 향상된 『하나님의 도』(행 18:26)라는 것이다.

알아듣지도 못하는 "방언"을 통해서는 자신이 예수 그리스도를 저주하고 있는 죄를 짓고 있는지 알지 못한다. 사람들이 외국어로 말했던 사도행전 2장에서 자신의 죄를 깨달은 사람들은 자기가 듣는 외국어를 이해할 수 있는 사람들이었다. 신약성경에서 이해할 수 없는 방언을 듣고 죄를 깨달은 사람이 있다는 기록은 한 번도 찾아볼 수 없다. 사도행전 2장에서도 역시 찾아볼 수 없다. 그곳에 있는 모든 사람들은 외국어를 이해할 수 있는 사람들이었다. 사도행전 10장, 19장도 마찬가지다. 신약성경에서 알아듣지 못하는 방언을 듣고 자신의 죄를 깨달아 예수 그리스도의 구원의 지식을 깨우친 경우는 단 한 번도 없다. 만일 이것이 가능하다면 우리 모두는 지금이라도 당장 사람들을 구원으로 인도하기 위해 "방언을 말하는 데" 투신해야 할 것이다.

고린도전서 14:2의 방언에 대한 성경적인 해석

오순절 은사주의자들은 고린도전서 14:2의 방언을 두고, 사람에게 하지 않고 하나님께 하는 것이라고 주장한다. 방언은 영으로 하나님께 비밀을 말하는 것이기 때문에 방언을 하는 사람은 물론 듣는 사람도, 천사도, 마귀도 알아듣지 못한다는데, "방언의 내용"이랍시고 지껄이는 소리를 들어 보면 하나님도 도무지 못 알아들으실 소리들이다.

■ 고린도전서 14:2 ■

❐ 잘못된 근거 : 〈한글개역성경〉「방언을 말하는 자는 사람에게 하지 아니하고 하나님께 하나니 이는 알아 듣는 자가 없고 그 영으로 비밀을 말함이니라」

❐ 〈한글킹제임스성경〉『이는 알지 못하는 방언으로 말하는 사람은 사람에게 말하지 아니하고 하나님께 하는 것이기 때문이요, 또 어떤 사람도 알아듣지 못하나 그가 영으로 신비들을 말하는 것이기 때문이라.』

방언이 〈한글개역성경〉에서 말하는 것처럼 영으로 "비밀"을 말하는 것인가? 〈한글킹제임스성경〉은 고린도전서 14:2의 방언에 대해 뭐라고 말씀하는가? 하나님의 바른 말씀의 고린도전서 14:2에서는 방언을 "**알지 못하는 방언**"(an unknown tongue)이라고 말씀한다. "알지 못하는 방언"은, 14장 전체 문맥을 통해서 볼 때, **교회 안의 회중 가운데 그 방언을 알지 못하는 자가 있다**는 뜻이다(16절). 그러므로 그런 회중이 모인 **"교회 안에서" 방언을 말할 때에는** 방언을 말하는 사람이나(13절) 다른 누군가가(27절) 다른 회중들이 세움을 받도록(12,17,26절) 통역하되, **두세 사람이 차례로 방언하고 한 사람은 통역을 해야 한다(13,27절)**는 원칙이 제시된다.

이는 알지 못하는 방언으로 말하는 사람은 [For he that speaketh in an unknown tongue]	
❶ 사람에게 말하지 아니하고 [(For he)... speaketh not unto men]	하나님께 하는 것이기 때문이요, [but unto God:]
❷ 또 어떤 사람도 알아듣지 못하나 [for no man understandeth *him*;]	❸ 그가 영으로 신비들을 말하는 것이기 때문이라. [howbeit in the spirit he speaketh mysteries.]

❶ 사람에게 말하지 않고 하나님께 한다. ➠ 방언을 회중이 못 알아들으면 결국 하나님만 아신다.

❷ 어떤 사람(no man)도 알아듣지 못한다. ➠ 아무도 방언하는 그 사람(him)의 말을 깨닫지 못한다[for no man understandeth *him*;]. 즉 방언하는 그 사람까지 자신의 방언을 이해하지 못한다는 뜻이 결코 아니다!

❸ 『그가 영으로 신비들을 말하는 것이기 때문이라.』는 무슨 말인가? 하나님께서 신비들을 모르셔서 인간의 영을 통해 그것을 듣고 배우셔야 하는 것인가? ➠ "영"은 성령이 아니라 방언을 하는 "그 사람"의 영이다. 『만일 내가 알지 못하는 방언으로 기도하면 내 영은 기도하는 것이지만』(고전 14:14).

"영으로 신비들을 말한다."는 것은, **방언을 못 알아듣는 회중이 방언하는 그 사람이 외국어로 하나님께 어떤 신비로운 것들을 말하는 것처럼 여기게 된다는 뜻이다. 모든 사람이 알아듣는 "예언"과 비교했을 때 "알지 못하는 방언"은 그것을 통역하지 않는 한 신비롭게 비칠 수밖에 없는 한계를 지니고 있음을 경고하는 것이다.**

그래서 바울은 『**그러나 만일 통역하는 자가 없거든 교회에서는 조용히 하고 자신과 하나님께만 말하라.**』(고전 14:28)고 명령했다. 이 구절에서 **"하나님께**

말하라"는 것은 하나님께서는 그 말을 알아들으신다는 뜻이다. 그러므로 "자신에게 말하라"는 표현 역시 방언을 하는 당사자는 자기가 하는 그 외국어를 알아듣는다는 뜻이다.

방언은 오순절 은사주의자들의 주장처럼, 방언하는 당사자 스스로도 못 알아듣는 "비밀"이 아니다. 방언이 "비밀"이라면 왜 통역해서 "폭로"해야 하는가? 방언은 "외국어"이기 때문에 통역이 가능한 것이며, 통역을 해야 하는 것이다.

고린도전서 14:14의 방언에 대한 성경적인 해석

오순절 은사주의자들은, "방언으로 기도하면 우리의 영이 기도하는 것이며, 그것은 하나님께 드리는 비밀 기도이다. 그래서 그 기도 내용은 우리의 마음으로 깨달을 수가 없다. 방언 기도는 방언하는 사람의 영만 알고 있을 뿐 방언하는 사람 자신은 그 의미를 모르기 때문에 나의 마음에는 열매가 맺히지 못한다." 라는 어이없는 소리들을 늘어놓는다.

▪ 고린도전서 14:14 ▪

❐ 잘못된 근거 : 〈한글개역성경〉「내가 만일 방언으로 기도하면 나의 영이 기도하거니와 나의 마음은 열매를 맺히지 못하리라」

❐ 〈한글킹제임스성경〉『만일 내가 알지 못하는 방언으로 기도하면 내 영은 기도하는 것이지만 나의 지각은 열매를 맺지 못하리라.』

만일 방언이 나의 영과 하나님 사이의 비밀 기도라면, 나의 영만 알고 나는 모르는 일이 일어날 수 있는가? 정말로 하나님을 깨닫고 인식할 수조차 없는 자들이 대관절 무슨 은사를 자랑한다는 것인가?

『그러나 하나님께서 이것들을 우리에게 그의 영으로 나타내셨으니 이는 성령께서는 모든 것, 심지어 하나님의 깊은 것들까지도 통찰하시기 때문이라. 사람의 일을 그 사람 안에 있는 사람의 영이 아니면 누가 알리요? 이와 같이 하나님의 일도 하나님의 영이 아니면 아무도 모르느니라. 우리가 세상의 영을 받지 아니하고 오직 하나님께로부터 온 영을 받았으니 이는 우리로 하나님께서 우리에게 값없이 주신 것들을 알게 하려 하심이라』(고전 2:10-12). 『예수께서 대답하시기를 "진실로 진실로 내가 너에게 말하노니, 사람이 물과 성령으로 태어나지 아니하면 하나님의 나라에 들어갈 수 없느니라. 육신으로 난 것은 육이요, 또 성령으로 난 것은 영이니라. 내가 너에게 '너희는 거듭나야만 한다.'고 말한 것을 이상히 여기지 말라』(요 3:5-7). 『허물과 죄들 가운데서 죽었던["영"] 너희를 그가 살리셨으니』(엡 2:1).

우리의 영은 하나님을 인식하는 기관이다. 하나님께 대하여 죽었다가 다시 살아난(요 3:5-7, 엡 2:1) 이후로, 우리의 영은 하나님의 것을 받아서 우리의 혼에게 전달하는 역할을 한다. 성경은 "성령"이 하나님의 깊은 것들까지도 "우리에게 알려주실" 수 있는 분이라고 말씀한다. 우리의 영과 하나님만 아는 비밀이란 없다. 우리의 "영"이 알게 된 것은 우리의 "혼"(나, 자아)에게 전달된다. 삼위일체 하나님 사이에 비밀이란 없듯이, 삼위일체 하나님의 형상을 회복한 그리스도인에게도 "영"만 알고 "나"(혼)는 모르는 그런 비밀은 없는 것이다.

이교도들의 신비주의를 가르치는 〈한글개역성경〉

변개된 〈한글개역성경〉에 씌어 있는 대로 나의 영 따로, 마음 따로 작용할 수 있다는 주장은 이교도들의 이성을 초월한 신비적인 체험, 즉 "무아지경"을 가르치는 것이 된다. 〈한글개역성경〉은 이 교도들의 초월적 신비주의를 가르치는 성경이다. 〈한글개역성경〉은 인간의 영, 혼, 몸의 기능을 모른다. 그것으로는 영, 혼, 몸을 지닌 인간의 삼중구조를 다룰 수 없다. 〈한글개역성경〉에 대한 잘못된 환상에서 깨어나야 하는 것이다.

그렇다면 『**만일 내가 알지 못하는 방언으로 기도하면 내 영은 기도하는 것이지만 나의 지각은 열매를 맺지 못하리라.**』라는 〈한글킹제임스성경〉의 말씀은 무슨 뜻인가? 『**일만 마디의 알지 못하는 방언으로 말하기보다는 차라리 나의 지각으로 다섯 마디 말을 하여 나의 말로 다른 사람들을 가르칠 수 있기를 원하노라**』(고전 14:19).

즉 "나의 영"으로 하는 "알지 못하는 방언"과 "나의 지각"으로 하는 "나의 말"의 차이를 분별해야 한다. 고린도전서 14:19의 『**나의 지각**[my understanding]**으로**』는 『**나의 말로**』와 같다. 따라서 "나의 말"은 "내가 직접 깨닫고서(my understanding) 내뱉는 말"이다. 그것이 고린도인들에게는 "고린도인의 말"을 의미하게 된다.

『**그러면 어찌하리요? 내가 영으로 기도하겠고 지각으로도**[with the understanding] **기도하겠으며 내가 영으로 찬양하겠고 지각으로도 찬양하리라**』(고전 14:15). 이 말씀에서 영으로만이 아니라 "지각으로도 기도하고 찬양하겠다."는 것은 초자연적인 방언의 은사가 아닌 "내가 직접 깨달아서 하는 나의 말로 기도하고 찬양하겠다."는 뜻이다. 고린도 교회에게는 "고린도인의 말"로 기도하고 찬양하여 그들이 세움을 받도록 하겠다는 뜻이다.

따라서 『**만일 내가 알지 못하는 방언으로 기도하면 내 영은 기도하는 것이지만 나의 지각은 열매를 맺지 못하리라.**』라는 "14절" 말씀은 "나의 영으로 알지 못하는 방언으로만 말하고 다른 회중이 알아들을 수 있는 고린도인의 말로 하지 않으면, 그들은 내 방언의 뜻을 못 알아듣게 되어 그들이 세움을 받는 열매를 맺지 못하게 된다."는 뜻이다. 즉 "나의 지각으로 말했더라면 맺을 수 있는 열매를 맺지 못하게 되는 것"이다(참조 구절 - 고전 14:16,17).

방언은 "방언하는 자가 이해하는 외국어"

고린도전서 14장의 방언은 오순절 은사주의자들이 주장하는 "불확실한 소리"가 아니다. 나팔이 불확실한 소리를 내면 누가 전쟁 준비를 할 수 있겠는가?(8,9절) 방언으로 쉽게 알아들을 수 없는 말을 한다면 "누군가는 알아들을 수 있다!"(9절)

방언은 "세상에 있는 수많은 종류의 말"에 속한다. 뜻 없는 말은 하나도 없는 것처럼 방언은 "세상에 있는 뜻 있는 말"이지 절대로 뜻 모를 소리가 아니다!(10,12절) 설령 "야만인"이라고 할지라도 의사소통할 때 쓰는 "말"(언어)이 있다(11,12절). 따라서 고린도전서 14장의 "알지 못하는 방언"은 인간의 언어인 "외국어"이다!

"주의 명령들"을 대적하는 자들

『만일 누구든지 자기를 선지자나 영적인 사람으로 생각한다면 내가 너희에게 쓰는 글들이 주의 명령들임을 인식해야 할 것이라』(고전 14:37).

오늘날 방언을 실행한다고 하는 교인들은 바울을 통해 주시는 "주의 명령들"에 순종하는 사람들이 아니다. "미친 것"으로 보이기에 (고전 14:23) 바울은 온 교회가 한자리에 함께 모여 방언하는 것을 금지했기 때문이다. 하지만 오순절 은사주의자들은 온 교회가 한자리에 모여 뜻 없는 소리를 내는 경우가 많다. 바울은 지역 교회에서는 방언을 두세 사람이 차례로 하되, 그것도 통역하는 자가 있을 때 하라고 했다(고전 14:27,28). 하지만 오순절 은사주의자들은 두세 사람이 차례로 하지 않는 매우 혼란스러운 모습을 보인다. 이 점은 그들이 『하나님은 혼란의 창시자가 아니라 화평의 창시자이심이라.』(33절)라는 말씀과 『모든 일을 품위 있게 하고 또 질서 있게 하라.』(40절)라는 명령을 위배하는 거짓 은사주의자들임을 보여 준다. 바울은 방언을 통역하는 경우에만 교회에서 하라고 했는데, 오순절 은사주의자들은 거의 모든 경우 방언을 통역하지 않는다. 드물게 은사주의 집회 같은 데서 통역한다 해도 이 사람이 하는 통역과 저 사람이 하는 통역이 다르다. 마귀에게 속고 있는 것이다.

또한 바울은 여자들은 교회에서 방언을 하지 말라고 했다. 그 일을 "수치"라고 했다. 『너희의 여자들을 교회 안에서 조용히 하게 하라. 그들이 말하는 것이 허락되지 아니하였으니… 이는 여자들이 교회 안에서 말하는 것은 수치임이니라』(34,35절). 이 구절은 여자들은 교회에서 아예 입 다물고 살아야 한다는 뜻이 아니다. "문맥상" 여자들은 교회 안에서 "방언"을 하지 말라는 명령이다. 오늘날 방언한다는 사람들 중에는 오히려 ① 여자들이 더 많다. 그리고 ② 교회 안에서 여자들이 방언을 서슴지 않고 행한다. 그들은 "수치스런" 일을 하고 있는 것이다.

■ 새롭게 깨달았거나 적용할 내용이 있다면 적어 보세요. ■

"방언들로 말하는 것을 금하지 말라?"

『그러므로 형제들아, 예언하기를 열망하고 방언들로 말하는 것을 금하지 말라』(고전 14:39).

오순절 은사주의자들은 『**방언들로 말하는 것을 금하지 말라.**』라는 말씀을 가지고 그들의 방언하는 것을 정당화한다. 그러나 바울이 금하지 말라고 한 "알지 못하는 방언"은 비성경적인 뜻 모를 소리가 아니라 "외국어"였다. **초기 교회의 사역에서 여전히 유대인들이 다루어지고 있을 때, 소아시아 지역에 흩어져 있던 그들에게 표적으로서 제시할 방언을 금하지 말라는 것이었다. 방언은 당시 유대인들에게 그들의 메시아이신 예수 그리스도에 관해 증거할 효과적인 수단이었기에 금해서는 안 되는 은사였다**. 일례로 사도행전 2장에서 사도들의 초자연적인 방언들을 듣고 회심한 유대인들의 경우와, 사도행전 10,19장에서 유대인들이 방언의 표적을 통해 깨닫게 된 경우를 보라!

그러나 바울은 고린도전서 14장 바로 앞 장에서 "방언들이 그칠 것"이라고 했다. 『**사랑은 결코 시들지 아니하나 예언들이라도 끝이 올 것이요, 방언들이라도 그치게 될 것이며 지식도 끝나게 되리라**』(고전 13:8).

방언은 신유와 함께 "표적으로서의 은사"로 분류된다(마 4:23,24, 막 16:17, 18, 고전 14:22). 이 표적으로서의 은사는 그 실행 대상이었던 유대인들이 사도행전 28장에서 그들의 메시아를 최종적으로 거부한 뒤로 완전히 중단되었다. 왜냐하면 표적은 "믿지 않는 유대인들"을 대상으로 한 것이었기 때문이다(고전 1:22; 14:22). **하나님께서 유대인들을 다루지 않으시고 "이방인들"을 대상으로 하나님의 나라를 전파하시는 현 교회 시대는 표적으로서의 방언과 신유의 은**

사가 필요 없게 되었다. 과도기인 사도행전의 기간에만 유대인들을 대상으로 하여 한시적으로 실행되었을 뿐이다. 대환란 기간에 "왕국 복음"으로 유대인들을 다시 다루기 시작하시면 표적으로서의 방언과 신유가 "왕국 복음이 전파되던 예수님의 초림 사역 때처럼" 다시 동반될 것이다(막 16:17,18).

사도 바울은 신약의 그리스도인들에게 『**이는 우리가 믿음으로 행하고 보는 것으로 하지 아니함이라.**』(고후 5:7)라고 강조한다. 이것은 누구보다도 『**더 많은 방언들**』(고전 14:18)을 말했던 "사도"가 기록한 구절이다. **교회 시대의 그리스도인들은 눈으로 보이는 표적으로 행하지 않고 믿음으로 행하는 사람들인 것이다! 이렇듯 믿음으로 행하는 그리스도인은 고린도전서 14:39의 명령에 따라 "예언하기를 열망해야" 한다.** 즉 성경을 체계적으로 공부하여 성경의 예언들을 가르치고 전파할 줄 알아야 하는 것이다. **"예언"이야말로 현 교회 시대에서 할 수 있는 최상의 일이다. "방언의 장"으로 알려진 고린도전서 14장은 방언보다 "예언"을 더 강조한다!**

❶ 『사랑을 추구하라. 영적인 은사들을 열망하되 특별히 예언을 할 수 있도록 하라』(고전 14:1). ➠ 예언의 은사를 특별히 추구하라!

❷ 『그러나 예언을 하는 사람은 사람들에게 말하며 세워 주고 권면하고 위로하느니라. 알지 못하는 방언을 말하는 사람은 자신을 세우나 예언하는 사람은 교회를 세우느니라. 나는 너희 모두가 방언들로 말하기를 바라지만 차라리 예언하기를 바라노라. 이는 방언들로 말하는 자가 통역을 하여 교회가 세움을 입지 못한다면 예언하는 자가 더 낫기 때문이니라』(고전 14:3-5). ➠ 예언은 교회를 세운다!

❸ 『그러므로 방언들은 믿는 사람들을 위한 것이 아니라 믿지 않는 사람들

을 위한 표적이지만 예언은 믿지 않는 사람들을 위한 것이 아니고 믿는 사람들을 위한 것이라』(고전 14:22). ➡ 믿는 사람들이 모인 지역 교회 안에서는 예언을 하라!

❹ 『그러나 만일 모두 예언할 때 믿지 않는 사람이나 배우지 못한 사람이 들어오게 되면, 그는 모든 사람에 의해 양심의 가책을 받고 모든 사람으로부터 판단을 받으리니 그러면 그의 마음의 은밀한 것들이 드러나게 되어 그가 얼굴을 땅에 대고 하나님께 경배하며 하나님께서 참으로 너희 가운데 계시다고 선언하리라』(고전 14:24,25). ➡ 예언은 회심을 낳는다!

❺ 『너희는 모두 한 사람씩 예언할 수 있나니 모두 배우게 하고 모두 위로 받게 하려 함이라』(고전 14:31). ➡ 예언은 배움과 위로를 선물한다!

❻ 『그러므로 형제들아, 예언하기를 열망하고』(고전 14:39) ➡ 예언하기를 열망하라!

오순절 은사주의자들은 구원받은 사람은 반드시 성령 침례를 받고 방언을 해야 한다고 가르치고 있지만, 현재 방언을 하고 있기 때문에 구원받은 것으로 생각한다면 큰 오산이다. 오늘날 방언이라 불리는 것은 성령의 역사가 아니며, 구원받은 것과 아무런 관계도 없는 뜻 없는 소리에 불과하다. 믿음이 아닌 비성경적인 체험을 강조함으로써, 안 그래도 무지한 교회들로 하여금 진리의 지식을 거부하게 만들어 버린 이 엄청난 오류는 변개된 성경이 낳은 결과라는 점을 명심해야 한다!

■ 새롭게 깨달았거나 적용할 내용이 있다면 적어 보세요. ■

제4과

긍정적인 사고방식과 4차원의 영성의 실체

『꿈을 가진 선지자는 꿈을 말하며 내 말을 가진 자는 내 말을 신실하게 고할지니라. 쭉정이가 밀에게 무엇이겠느냐? **주**가 말하노라. **주**가 말하노라. 내 말이 불 같지 아니하냐? 바위를 부수어 조각내는 큰 망치 같지 아니하냐?』(렘 23:28,29)

내가 은사주의자가 아닌 이유

내가 은사주의자가 아닌 이유는 "나는 성경이 말씀하는 바대로 믿으며, 성경이 의미하는 대로 말하는 그리스도인이기 때문이다." 예를 들어 『**사도의 표적들**』(고후 12:12)이 유대인 사도들에게 주어졌다는 것을 읽을 때, 유대인들은 표적을 구하는 민족이라는 점(고전 1:22)을 고려해서 읽으며, 또한 그렇게 읽고 있는 그대로 믿는다. 이러한 표적들이 사도행전(사도들의 행적을 담고 있는 책)에서 나타나는 것을 발견할 때에도, "유대인 사도들의 사역에는 표적이 따를 것(막 16:15-20)이라는 말씀대로군."이라고 이해하면서 받아들인다.

이스라엘 민족은 표적과 함께 시작되었다. "표적"이라는 말이 국가적인 이스라엘 민족의 첫 번째 지도자(모세)와 연관해서 처음 등장한다는 (출 4:1-9) 점과, 또한 시내산에서 주어진 유대인의 안식일(느 9:13,14)이 표적으로 주어진 것이라는 사실도 알게 되면서, 나는 이스라엘에게 주어진 유대인의 표적들을 지녔다고 주장하는 사람들을 대할 때마다 거짓말쟁이들을 대하고 있다는 것을 알게 되었다(〈나는 왜 은사주의자가 아닌가?〉, 피터 S. 럭크만, 「제1장 성경 vs. 은사주의 "부흥"」, pp.7,8).

■ 새롭게 깨달았거나 적용할 내용이 있다면 적어 보세요. ■

긍정적인 사고방식

인본주의, 공산주의, 진화론, 후(무)천년주의에서 사용하는 공통된 사고방식은 "긍정적인(혹은 적극적인) 사고방식"이다. 이들은 모두 인간에 대하여, 세상에 대하여, 지구의 장래에 대하여, 개인의 미래에 대하여 하나같이 긍정적인 입장을 견지하고 있다. 마지막 배교한 교회 시대에는 정치인이든, 종교지도자이든 그 누구라도 사람들에게 긍정적인 미래를 제시해야만 자신의 추종세력을 확보할 수 있다. 장밋빛 미래 속에서 살기 원하는 사람들의 마음을 사로잡는 데 긍정적인 연설이나 긍정적인 설교만큼 가장 효과적인 방법도 없다. 그들은 21세기가 인류 역사의 최대 절정이 될 것이라고 주장한다. 그러나 인류와 세상에 대해 성경이 제시하는 미래는 지극히 "부정적"이다. 사람들은 이 부정적인 "건전한 교리"를 견디지 못한 채 인간에게 "희망"을 줄 설교자들을 찾아다니며 그들의 가려운 귀를 만족시키고 있다(딤후 4:3). 오늘날 긍정적인 사고방식을 기독교계 안으로 가져온 장본인들은 노만 빈센트 필, 조엘 오스틴, 로버트 슐러 그리고 한국에는 조용기 목사이다. 그들이 저술한 "긍정적 사고방식"에 관한 책들은 전 세계적으로 각광받고 있다.

1. 긍정적인 사고방식은 "마귀적인 사상"이다

"성경의 하나님은 긍정적인 분이신가?"라는 질문에 사람들은 "그렇다."(Yes)라고 답변한다. 한때 〈긍정의 힘〉이란 책으로 기독교계 교인들의 주목을 받았던 인본주의 목사 "조엘 오스틴"(Joel Osteen)은 그 책에서 다음과 같이 쓰고 있다. 「긍정은 아무리 강조해도 지나치지 않다. 하나님이 바로 긍정적인 분이시기 때문이다. **하나님께서는 부정적인 면이 조금도 없다**」(p.127). 「그 생각이 어디에서 왔는지 파악하라. 하나님에게서 왔는가? 나만의 생각인가? 사탄이 주는 파괴적인 생각인가? 이것을 어떻게 분간할 수 있을까? 쉽다. **부정적인 생각이라면 무조건 사탄에게서 왔다고 생각해도 무방하다**」(p.130).

그러나 성경은 오히려 "긍정적인 사고"가 사탄에게서 왔다고 말씀한다. 그는 "창세기 3장"에서 "부정적 사고주의자"를 "긍정적 사고주의자"로 전향시킴으로써 인류에게 돌이킬 수 없는 엄청난 저주를 초래했다. 『**주 하나님께서 지으신 들의 어떤 짐승들보다도 뱀은 더욱 간교하더라. 그가 여자에게 말하기를 "참으로**[Yea, 긍정] **하나님께서 말씀하시기를 '너희는 동산의 모든 나무에서 나는 것을 먹지 말라.' 하시더냐?" 하니**』(1절). 하나님께서 동산 가운데 있는 나무 열매는 "먹지 말라"고 명령하신 이 "부정적인" 말씀에 대해, 사탄은 "참으로"(Yea)라는 "긍정적인 단어"를 사용함으로써, 인간으로 하여금 하나님의 말씀에 대해 불평과 의문을 품게 했다.

『**참으로 하나님께서... 먹지 말라.' 하시더냐?**』(1절) 이처럼 사탄은 "긍정적인 사고방식"으로 하나님의 말씀에 의문을 품게 하고 인간에게 매우 "긍정적인 미래"를 제시한다. "먹어도 결코 죽지 않는다!"(4절) "먹는 날에는 눈이 열리게 된다!"(5절) "신들과 같이 되어서 선과 악을 알게 된다!"(5절) 세상은 발전하고 있고, 지식과 과학의 발달로 죽음, 전쟁, 기아, 전염병, 환경오염, 오일쇼크 등 인류가 당면하고 있는 모든 문제는 해결될 것이다. 세상은 영원할 것이고, 모든 것이 잘 될 것이며, 이 땅에는 인류 역사 최대의 지상낙원이 건설될 것이다. 결국 이브는 이 긍정적인 제안을 받아들였고, "매우 긍정적인 사고방식의 소유자"가 되고 말았다. 『**여자가 보니 그 나무가 먹음직하고**[긍정] **보기에도 즐겁고**[긍정] **현명하게 할 만큼 탐스러운**[긍정] **나무인지라, 그녀가 거기에서 그 열매를 따서 먹고 그녀와 함께한 자기 남편에게도 주니, 그가 먹더라**』(6절). 여기에는 어떠한 부정적인 요소도 없다. 그렇지만 그 긍정적인 사고가 가져온 결과는 엄청난 저주였다. 그 배후에는 다름 아닌 사탄이 있었다. 사탄은 "빛의 천사"로 가장할 만큼 매우 "긍정적"인 존재라는 사실을 기억할 필요가 있다.

"로버트 슐러"(Robert Schuller) 목사는 그의 책 〈불가능은 없다〉에서 "예수 그리스도는 이 세상에서 가장 위대한 긍정적인 사고주의자였고, 그분은 사람들을 보다 더 훌륭한 긍정적 사고주의자들로 만들고자 노력하셨다."라고 주장한다. 그러나 예수님께서는 결코 긍정적 사고주의자가 아니셨다. 그것은 지옥에 관해 설교하신 것만 보더라도 알 수 있다. 오늘날 인본주의가 뿌리를 내린 교회 강단에서 "지옥"에 관한 "부정적인 설교"가 사라진 지 오래다. 『**그들이 나가서 나를 거역하여 범법했던 사람들의 시체들을 볼 것이라. <u>이는 그들의 벌레가 죽지 아니하며 그들의 불도 꺼지지 아니할 것임이니</u> 그들은 모든 육체에게 가증함이 되리라**』(사 66:24). 여기 밑줄 친 부분을 예수님께서는 신약에서 "세 번"이나 인용하셨다(막 9:44,46,48). 그러나 변개된 성경들은 이 부분을 두 번이나 삭제했다. 말하자면 예수 그리스도께서는 이런 부정적인 말씀을 하셨을 리가 없다는 것이다. 왜냐하면 예수님께서는 그들에게 있어서 위대한 인본주의자요, 긍정적 사고주의자가 되시기 때문이다.

하나님의 말씀은 상당히 "부정적"이다. 예수님께서 세상을 위해 기도하지 말라고 하실 만큼 부정적이고(요 17:9), 주님께서 세상을 사랑하지 말라고 하실 만큼 부정적이다(요일 2:15). 세상의 형체가 사라져 가며 결국은 불로 녹아내릴 것이라고 말씀하실 만큼 매우 부정적이다(벧후 3:10,12). 로마서 1-3장을 읽어보면 90%가 부정적인 내용들이다. 율법에는 50개 이상의 금지 항목이 들어 있다. 십계명 역시 열 계명 중 여덟 계명이 부정적이다. 우리가 믿는 은혜의 복음 역시 마찬가지이다. 물론 "복음"(Gospel)이 사람들에게는 "좋은 소식"(Good News)이다. 이보다 더 긍정적인 말이 어디 있겠는가? 그러나 이 긍정적인 복음의 내용 중 "3분의 2"가 부정적인 내용이다. 『**내가 받은 것을 먼저 너희에게**

전달하였나니 이는 성경대로 그리스도께서 우리의 죄들로 인하여 죽으시고[부정적] **장사되셨다가**[부정적] **성경대로 셋째 날에 다시 살아나셔서**[긍정적]』(고전 15:3,4). "부정적인 생각"은 결코 사탄이 사람들의 생각 속에 심어 놓은 독소가 아니다. 최초로 긍정적인 사고로 다가왔던 자는 사탄이었음을 기억해야 한다.

2. 긍정적인 사고방식은 "자기 의"이다

성경에서 제시하는 "부정적인 사고"가 중요한 이유는 자신을 향한 "부정적 사고" 없이는 결코 구원받을 수 없기 때문이다. 자신이 죄인이라고 부정적으로 생각하지 않는 사람들은 절대로 구원받을 수 없다. 이처럼 사람들에게 그들이 짓고 있는 죄를 적나라하게 보여 줄 수 있는 힘은 부정적인 요소로 가득 차 있는 율법과 십계명 안에 있다(롬 3:20; 7:7 등). 실제로 "저주"로 끝나는(말 4:6) 율법은 사람들을 예수 그리스도께 인도함으로써 영생을 얻게 할 수 있다. 『**그리하여 율법이 우리를 그리스도에게로 인도하는 우리의 지도교사가 되었으니 이는 우리를 믿음으로 의롭게 하려 함이라**』(갈 3:24). "인간"에 대한 긍정적인 사고는 인간을 지옥으로 데려다 놓을 뿐이다(롬 1-3장,5장, 엡 2장, 계 20,21장, 사 64:6, 전 7:20, 시 39:5 등). 『**선을 행하고 죄를 짓지 아니하는 의인은 땅 위에 한 명도 없느니라**』(전 7:20). 인간에 대한 부정적인 사고를 긍정적인 사고로 바꾸어 버린다면 그 끝에는 불못만이 남아 있을 뿐이다. 『**사람에게 옳게 보이는 길이 있으나, 그 끝은 죽음의 길들이니라**』(잠 14:12).

긍정적인 사고의 "본질"은 "자기 의"이며, 현대의 종교들은 이것을 가르친다. 조엘 오스틴의 책 〈긍정의 힘〉은 자신을 "긍정적인 사고"로 "이미지 메이킹" 함으로써 인생의 모든 문제를 해결하도록 이끌고 있다. "당신은 원하는 대로 될 수 있다!" "생각한 것을 실행하라!" "생각이 아름다우면 인생이 아름다울 수 있다!" "타인들뿐만 아니라 스스로를 받아들이는 법을 배우라!" "자신을 용서하고 자신을 사랑하는 법을 배우라." "자신을 발견하라!" 이런 사고는 인본주의자들이 내세우는 구원 방법과 정확히 일치한다. "인간은 인간 스스로 구원해야 한다." 즉 "자기 의"로 자기들 스스로를 구원하려는 것이다. 그들은 "자부심," "자아 계발," "자아실현," "자만심" 등을 부추김으로써, 결국 하나님의 개입은 배제한 채 인간 스스로 그 모든 일을 행하려고 한다.

그러나 긍정적인 사고로는 아무것도 이룰 수 없다. 긍정적인 사고방식은 죄를 뉘우치게 할 수도 없고 죄인을 지옥에서 건져낼 수도 없다. 인류가 당면하고 있는 모든 문제를 해결할 수도 없다. 긍정적인 사고가 아무리 인류에게 장밋빛 미래를 제시한다 해도 그것은 거짓된 약속에 불과하다. 주 예수 그리스도께서 이 땅에 오실 때만 인류의 모든 문제는 해결되는데, 세상과 인류에 대한 긍정적인 사고로는 결코 예수 그리스도의 재림을 기다릴 수 없다. 진리를 찾는 방법은 "인간과 인류와 세상"에 대해 "부정적으로" 생각하고 "하나님의 말씀"에 대해서는 "긍정적으로" 생각하는 것에 있다.

"1온스의 부정적인 면이 1파운드의 긍정적인 면의 가치를 지닌다."라는 말이 있다. 이것은 "부정적 사고의 능력"을 표현하는 말이다. 이 세상에 대한 긍정적인 사고는 그리스도인으로 하여금 위에 것을 바라보게 할 수도 없다. 그러나 부정적인 사고의 힘은 보다 높은 곳을 바라보게 한다. 즉 땅의 일들이 아닌 위에 있는 것을 바라보게 하는 것이다. 영원히 썩지 않는 하나님의 말씀으로 거듭난 그리스도인에게는 세상에서의 성공과 번영이 그렇게 중요하지 않다. 부정적인 사고의 힘은 실로 막강하여 그리스도인들로 하여금 거리로 내몰아 죄인들에게 복음을 선포하게 한다. 이 부정적인 사고의 힘은 그리스도인들에게 "더 좋은 부활"을 사모하게 한다(히 11:32-40). 긍정적인 사고로는 그리스도인이 진리를 위해 겪는 고난을 절대로 이해할 수 없다. 긍정의 힘은 "자기 의"로 가득 찬 나약한 그리스도인들을 양산해 낼 뿐이다.

3. 긍정적인 사고방식은 "혼적 능력"이다

"긍정적인 사고방식"은 하나님으로부터 오는 "영적인 능력"이 아니라 마귀가 사용하는 인간의 "혼적인 능력"이다. 인간에게는 잠재의식이 내재해 있는데, 사람들은 이것으로 온갖 학문, 철학, 종교를 만들어 내고 정교한 기계와 인공위성까지도 만들어낸다.

마술, 점성술, 점치는 일 등의 능력을 행하는 것도 마귀가 혼적 능력을 통해 역사하는 것이다. 마귀는 이 혼적 능력을 통해서 하나님의 지혜와 능력을 흉내 내는데, **긍정적 사고방식 역시 인본주의적인 발상에서 비롯된 혼적 능력을 기독교적으로 각색한 것에 불과하다**.

이러한 혼적능력에 관하여 인본주의자들은 인본주의자 제2선언(1973년)에서 "**인류의 최종적인 목적은 모든 인간 안에 내포돼 있는 무한한 잠재력을 발휘시켜 그것을 완성시키는 것이다**."라고 말했다. 교회 안에서 긍정적인 사고방식을 외치는 목사들 역시 이러한 능력을 사용한다.

"로버트 슐러" 목사는 그가 쓴 책 〈당신은 마음먹은 대로의 사람이 될 수 있다〉에서 이렇게 말했다. 「당신은 당신이 언제나 그렇게 되려고 생각하는 사람이 될 수 있다! 그렇다면 어떻게 해서 그것이 가능한가? 나는 **그것을 할 수 있다고 생각하는 태도**라고 본다. **그것**은 **신앙 또는 신념**이라고 해도 괜찮다. 이제부터 내가 내세우려고 하는 것은 **그것**이 어떻게 작용하는가이다. 어떤 사람이 방법이나 수단에 의해서 그것이 가능하다고 믿을 경우 그 순간에 **세 가지 기적**이 일어난다. 1. 기회를 찾아 뇌세포가 활동을 개시한다! 2. 문제를 해결하는 뇌세포가 재생한다! 3. 결단을 촉진하는 화학성분이 혈관 속에 주입된다! 만약에 당신이 열심히 그 일에 노력한다면 그것은 정말 당신에게 작용할 것을 나는 약속한다.」 이것이 자칭 목사라고 하는 자의 믿음이고 신앙이며 기적이다.

로버트 슐러 목사는 〈불가능은 없다〉라는 책에서 이러한 "인간의 잠재력"을 일깨우기 위해 "상상력"을 활용하라고 말한다. 「당신의 상상력을 발휘하여서 당신 내부 속의 위대한 가능성을 끌어내도록 하십시오」(p.70). 「인간의 상상력의 위대함은 곧 당신이 하나님의 형상대로 만들어졌다는 놀라운 증거입니다」(p.79). 「그러면 신앙이란 또 무엇입니까? 그것은 하나님께서 주신 상상력을 통해서 역사하시는 하나님의 능력입니다」(p.82). 「믿음은 상상력을 동원하는 행동으로 시작되고 있습니다」(p.265). 말하자면 인간의 상상력이 믿음으로 각색되고, 또 그것이 혼적능력을 일으키는 도구가 되는 것이다. 이처럼 긍정적인 사고방식의 실체는 무한한 잠재력을 일깨우고자 인본주의자들이 추구하는 혼적능력과 다를 바가 없다!

4차원의 영성

로버트 슐로의 "상상력"은 조용기 목사의 경우에 "꿈"이란 단어로 대체된다. 조 목사에게 있어서 "꿈"은 성경 이상의 절대적인 권위를 가지고 있다(순복음 신문 영산칼럼, 2000년 11월 10일). 「꿈이 없으면 하나님의 역사가 일어나지 않았습니다. 저는 수요일 설교하러 나가기 전에 먼저 꿈을 꿉니다. 대중 앞에 나가서 설교하는 자신의 모습도 그려보고 대중들에게 성령의 능력이 넘치게 임하고 삼박자 구원이 강물처럼...」 조목사는 이런 꿈을 통해 자신의 혼적인 능력을 행사한다. 「저는 병자를 위한 기도를 할 때에는 반드시 꿈을 꾸려고 합니다... 꿈속에 천사가 나타나 약을 하나 주는데 이 약에는 십자가가 새겨져 있었습니다. 꿈속에 나타난 천사가 그에게 '이 약은 세상에서 구할 수 없는 약이니 받으라.'고 했습니다.」 이것이 바로 조 목사의 사역의 실체인 것이다.

1. 4차원의 영성의 핵심은 믿음이 아니라 "긍정적인 사고방식"이다

조용기 목사는 "이 세상은 꿈꾸는 사람들이 변화시키는 것입니다. 마음 하늘에 하나님의 꿈을 그려 넣으십시오."라고 말했으며("4차원 영성 지도자 포럼," 2008년 10월 23일), 그의 책 〈3차원의 인생을 지배하는 4차원의 영성〉에서는 이렇게 쓰고 있다. 「4차원의 요소인 생각이 부정적인 사람은 3차원에 부정적인 일이 생깁니다... 그러므로 긍정적인 생각을 하는 사람은 언제나 자신의 3차원에 긍정적인 역사가 일어납니다」(p.38). 「생각을 긍정적인 프로그램으로 바꾸라.」(p.66). 「언제나 성공할 것을 생각하며 칠전팔기의 적극적인 사고방식을 가지십시오」(p.73). 「현실이 어둡고 캄캄하다 할지라도 환경을 바라보지 않고 언제나 하나님만 바라보고 하나님께 의지하는 믿음으로 긍정적이고 적극적인 신앙을 가지고 나가야 합니다」(p.113). 「천국의 언어로 생활하는 당신의 인생은 이미 놀라운 기적이 일어나고 있을 것입니다」(p.170).

2. 4차원의 영성의 핵심은 믿음이 아니라 "꿈"이다

이러한 긍정적인 사고방식의 핵심에는 바로 "꿈"이 있다. 「우리는 하나님을 통해 3차원을 지배할 수 있는 능력을 얻습니다. 그 힘은 바로 꿈입니다... 꿈을 품은 사람이 3차원의 세계를 변화시킵니다」(p.33). 「우리에게 향하신 하나님의 놀라우신 사랑과 복이 있음을 확신하며 소망을 가지고 꿈꾸십시오. 반드시 좋은 일이 일어납니다」(p.127). 이런 꿈은 하나님의 말씀에 대한 믿음과는 무관한 것이며, 인간의 잠재력을 개발하려는 혼적능력에 불과하다.

인본주의의 핵심은 인간의 잠재력을 개발하는 데 있다. 즉 인간의 무한한 잠재력을 개발하여 인간이 "신"이 될 수 있다고 설득하는 것이다. 여기에 구체적인 방법으로 제시되는 것이 바로 동양 신비주의에서 나온 최면술, 명상, 요가,

텔레파시 등과 같은 것들이다. 지구촌교회의 이동원 목사의 관상기도도 마찬가지다. 관상기도는 하나님과의 대화가 아니라 자아를 향한 깊은 자아 최면 상태에서 자아에서 흘러나오는 자기 확신일 뿐이다. 그것을 하나님의 음성을 듣는 것으로 설명하려는 것은 또 다른 신비주의이며 인본주의적인 기도이다. 자아의식을 향한 자아 최면은 소위 힌두교나 불교에서 실행하는 것과 같은 인본주의적인 행태다. 로버트 슐러의 상상력이든, 조용기 목사의 꿈이든 모두 다 이 세상을 변화시키기 위한 인본주의적인 도구들에 불과한 것이다.

그것은 말씀에 대한 믿음을 성장시키는 것이 아니라 인간의 혼적능력을 자극시킬 뿐이다. 「꿈은 성령님의 언어요, 꿈을 꾼다는 것은 성령님이 동행하고 계시다는 증거입니다. 성령님과 함께하는 당신이 긍정적이고 적극적이며 창조적인 생각과 꿈을 가지고 끊임없이 승리를 입술로 시인하며 나갈 때 승리할 수 있습니다」(p.206). 그러나 이런 꿈을 추구하는 자들을 향해 성경은 다음과 같이 경고한다.

『내가 이 선지자들을 보내지 아니하였음에도 그들이 달리며 내가 그들에게 말하지 아니하였는데도 그들이 예언하였도다... 내가 그 선지자들이 말하는 바를 들었는데 내 이름으로 거짓들을 예언하여 말하기를 "내가 꿈을 꾸었도다, 내가 꿈을 꾸었도다." 하는도다』(렘 23:21,25).

『만군의 **주**가 이같이 말하노라. 너희에게 예언하는 선지자들의 말에 경청하지 말라. 그들은 너희로 우쭐하게 하며 그들 자신의 마음의 환상을 말하고 **주**의 입에서 나온 것으로 아니하느니라』(렘 23:16). 인간의 혼적능력을 자극하는 자들 모두 다 이와 같다. 『꿈을 가진 선지자는 꿈을 말하며 내 말을 가진 자는 내 말을 신실하게 고할지니라. 쭉정이가 밀에게 무엇이겠느냐? **주**가 말하노라. **주**가 말하노라. 내 말이 불 같지 아니하냐? 바위를 부수어 조각내는 큰 망치 같지 아니하냐?』(렘 23:28,29) 하나님의 바른 말씀을 가지고 있는 사람들은 결코 혼적 능력을 부추기는 긍정적 사고주의 목사들에게 현혹되지 않는다.

3. 4차원의 영성의 핵심은 "오컬트 사상"이다

조용기 목사는 소위 "신유"를 위한 기도에 있어서 "시각화"(소망하는 것들을 상상력으로 이루어 내는 방법), 즉 "바라봄"(꿈, 환상)을 적용할 것을 적극적으로 권장하는데, 이와 관련하여 〈4차원의 영성〉에서는 질병에 걸린 당사자가 아닌 "타인의 시각화"를 통해 질병이 치유된 사례를 다음과 같이 소개하고 있다.

"알렉스 목사님, 하나님 앞에서 바라봄의 믿음법칙을 사용하십시오. 예수님께서 십자가를 지심으로 우리 연약한 것을 친히 담당하시고 병을 짊어지고 가셨기 때문에 당신의 병이 어떠한 형태라 할지라도 십자가 뒤에 두고, 오직 십자가만 바라보고 기도하면 치료될 것입니다. 십자가를 통해 아들을 바라보세요. 완전히 치료받고 건강한 모습의 정상적인 아들이 된 것을 바라보십시오. 그 모습을 그리면서 매일같이 아들을 위해서 기도하십시오"... 그런데 기적이 나타났습니다. 네 달쯤 지나고 나서... 아들이 멀쩡한 모습으로 완전히 나아 있었습니다. 온몸이 뒤틀어지고 삐뚤어진 모습은 전혀 찾을 수 없었습니다. 기적이 나타난 것입니다... 기적은 4차원의 결과이기 때문입니다. 보이는 세계인 3차원의 생각으로는 있을 수 없는 일입니다. 이처럼 기적을 체험하고 싶으면 성령의 인도하심을 따라 4차원의 영성인 바라봄의 "믿음법칙"으로 믿어야 합니다(pp.93,94).

> 한 어머니가 귀가 없는 아이를 안고 안수기도를 받으러 왔다고 합니다. 카브레 목사님은 기도하면서 그 아이에게 하나님이 멋진 귀를 만들어서 붙여 주는 것을 상상했습니다... 그런데 기도를 하고 난 다음 얼마 있지 않아 아이에게 귀가 아닌 조그만 혹이 생겨났습니다... 다시 기도 받으러 왔을 때도 처음과 변함없이 귀가 생길 꿈을 가지고 상상하고 그림을 그리면서 안수해 주었습니다... 그 아이의 부모에게도 아이에게 이미 귀가 있다고 생각하고 아침마다 "우리 아기, 귀가 예쁘구나."라고 말하고 귀가 생긴 것을 바라보면서 쓰다듬어 주라고 가르쳐 주었습니다... 역시나 이날도 귀가 없는 것을 있는 것 같이 생각하고 안수하고 기도했습니다. 눈을 떠 보니 그 작은 혹이 마치 부채처럼 펴지더라는 것입니다... 이처럼 바라고 원하는 것은 성령 안에서 믿음으로 먼저 그리고 꿈꾸고 상상할 때 그림대로 나타나는 것입니다(p.46).

사실 그가 주장한 "시각화"라는 것은 "오컬트"(Occult), 곧 "비술"(秘術)의 핵심적인 사상인데, "데이브 헌트"는 〈4차원의 영적 세계〉를 지적하면서 조용기 목사의 사상의 근본이 "오컬트 사상"이라고 밝혔다. 또한 그는 "생각의 힘"으로 현실을 자기가 원하는 대로 바꿀 수 있다고 여기는 "긍정적인 사고방식"을 일종의 "정신 연금술"(Mental Alchemy)이라 했다. 이것은 인본주의와 뉴에이지가 궁극적으로 추구하는 "인간의 신격화"와 연관되어 있다.

한편 〈3차원을 지배하는 4차원의 영성〉이란 책이 출간되었을 때, 한국의 내로라하는 목사들은 이 "은사주의 목사의 마귀적인 사고방식"에 모두 미혹되어 이 책에 대한 찬사를 아끼지 않았었다. "세계 최대 교회를 일구신 조용기 목사님의 성령 사역을 보다 쉽게 이해할 양질의 책이 발간되어 기쁘게 생각합니다"(김삼환 목사). "세계적으로 성령 사역에 있어 권위자인 조용기 목사님은 신비한 영적인 원리들... 4차원의 믿음으로 생각하고, 믿고, 꿈꾸고 말하라!"(김장

환 목사). "그가 제시하는 영성훈련 프로그램은 분명 더 깊은 성령과의 동역을 갈망하는 평신도와 목회자에게 4차원의 영적 세계로 향하는 방향과 목적을 제시하는 나침반이 될 것입니다"(옥한흠 목사). "조용기 목사님의 사역은 영적인 삶의 나침반과 같습니다... 이 책에서 우리는 〈4차원의 영적 세계〉에서 시작된 그의 원리가 〈3차원의 인생을 지배하는 4차원의 영성〉으로 이어지는 삶으로의 여행을 경험하게 될 것입니다"(하용조 목사). **『그 악한 자가 오는 것은 사탄의 역사에 따라 모든 능력과 표적들과 거짓 이적들과, 멸망하는 자들 안에 있는 모든 불의의 속임수로 오는 것이니, 이는 그들이 진리의 사랑을 받아들이지 아니하여 구원을 받지 못하였기 때문이라. 이로 인하여 하나님께서 그들에게 강력한 미혹을 보내시어 거짓말을 믿게 하심은 진리를 믿지 않고 불의를 좋아하는 모든 자로 심판을 받게 하려 하심이라』**(살후 2:9-12).

믿음과 긍정적인 사고방식은 본질적으로 다르다. 어떻게 다른가? 우선 믿음은 성도들이 위에 있는 것들을 바라보게 하지만, 긍정적인 사고방식은 땅의 일들을 바라보게 한다. 이 땅에서의 성공과 물질적인 복을 추구하게 하는 것이다. 또한 믿음은 고난을 수반하지만, 긍정적인 사고방식은 주님을 위해 당하는 고난이나 진리 때문에 당하는 박해를 회피하게 만든다. 성경은 경건하게 살고자 하는 모든 성도는 박해를 받을 것이고(딤후 3:12), 성경적 믿음을 실행하는 성도에게는 반드시 져야 할 십자가가 있다고 말씀한다. 하지만 긍정적인 사고방식으로 가득 찬 교인들에게는 그런 박해와 십자가가 너무나 거추장스러운 짐이 된다. 그래서 그들이 "십자가의 원수들"로 행하는 것이다. 그리고 믿음은 불변하는 말씀의 약속에 기초를 두고 있지만, 긍정적인 사고방식은 인간적인 생각에 뿌리를 둔다. 믿음은 예수 그리스도의 재림을 소망하게 하지만, 긍정적인 사고방식은 인간 스스로 이 땅을 변화시켜서 지상낙원을 건설하겠다는 헛된 망상을 심어 준다. 믿음은 예수 그리스도의 의를 의지하지만, 긍정적인 사고방식은 자기 의를 내세운다. 그래서 긍정적인 사고방식으로는 결코 구원받지 못하는 것이다. 마지막으로 긍정적인 사고방식은 꿈이나 상상력, 인간의 잠재력을 통해 혼적인 능력을 발휘하게 하지만, 믿음은 하나님의 말씀을 온전히 신뢰함으로써 하나님의 능력이 나타나게 한다.

지옥에 간 조용기 목사

고(故) 조용기 목사는 생전에 "지옥"에 갔다 온 경험을 다음과 같이 "간증"(?)을 한 적이 있다. "얼마 전에 저는 꿈도 아니고 환상도 아니고, 죽은 것도 아니고 산 것도 아니고, '몸 안인지 몸 밖인지도 모르는 사이에' 지옥으로 떨어졌습니다. 지옥은 마치 우주의 블랙홀 같았습니다. 주위에 있는 별들을 다 빨아 당겨서 삼켜 버리는 지옥인데, 엄청난 자석과 같았습니다. 자석이 끌어당기면 쇠붙이가 별수 없이 끌려가는 것처럼, 지옥은 죄만 있으면 다 끌어당겨요... 사람들이 엄청난 인력에 막 뒹굴고 곤두박질치면서 지옥으로 빨려 들어가는데, 그 누구도 막을 수 없어요... 캄캄한 곳으로 끌려 들어가는데 저도 회오리바람 같은 그 자석의 힘으로 지옥으로 떨어졌습니다. 지옥문에 들어가자마자 그곳은 시간이 정지된 곳이었습니다. 영원한 곳이었습니다... 얼마나 고통스러운지 그 고통은 도저히 말로 다 할 수 없었어요. 그리고 나는 영원히 지옥에 떨어져서 못 나오는 줄 알았습니다"(2008년 2월 3일 주일 설교 내용).

한때 자신의 이름을 "조바울"로 바꾼 적 있던 그는 바울을 흉내 내려고 『그**가 몸 안에 있었는지 나는 말할 수 없고 몸 밖에 있었는지 나는 말할 수 없지**

만』(고후 12:2)이라는 말씀을 도용했으나, 그가 끌려간 곳은 바울처럼 "셋째 하늘의 낙원"이 아니라 "지옥"이었다. 『**내가 십사 년 전에 그리스도 안에서 한 사람을 알았는데 (그가 몸 안에 있었는지 나는 말할 수 없고 몸 밖에 있었는지 나는 말할 수 없지만 하나님께서는 아시느니라.) 그 사람이 셋째 하늘로 끌려 올라갔느니라**』(고후 12:2). 참으로 이상하지 않은가? 조 목사처럼 그렇게 "위대한 하나님의 종"(?)이란 자가 지옥을 경험해야 할 이유가 어디 있는가? 성경에서 생생하게 묘사하는 "지옥의 실상"을 도무지 믿지 않는 가짜 목사라서 그런 경험이 필요했던 것인가? 그가 흉내를 내려 했던 사도 바울이 지옥에 갔다 온 적이 있는가? 과연 바울 이래 성경대로 믿고 실행한 목사들 가운데 누가 그런 경험을 했는가? 마귀 들린 은사주의 목사에게나 있을 법한 일이다! 한편 "지금" 그는 "13년 전"에 끌려갔던 바로 그 지옥 안에 "쇠붙이"처럼 붙들려 있다. 이제는 그때처럼 다시 나올 수도 없다. 성경에도 없는 "순복음, 오중복음, 삼중축복, 4차원의 영성, 긍정적인 사고방식, 희망 신학, 번영 신학" 등으로 그에게 가짜 확신을 심어 주어 거짓으로 안심하게 만든 사탄에게 속은 것이다.

조 목사는 구원받지 못했다! 그것을 어떻게 알 수 있는가? 그의 "구원 간증"이 이를 입증해 준다. 17세에 "폐결핵"으로 시한부 판정을 받은 적이 있던 그는 자신이 구원받았을 때를 이렇게 회고했다. "어느 날, 밤에 자는데 흰 두루마기를 입고 '히피' 같은 머리를 이렇게 내리신 분이 나를 보고 웃으시며, '나는 예수야... 네가 나를 잘 믿고 나에게 순종하면 내가 네 폐병을 고쳐 줄 것이다. 한국인 중에 오대양 육대주에 나가서 하나님의 사역을 한 사람이 별로 없는데, 나는 너를 보내어 온 천하에 다니게 하면서 만민에게 복음을 증거하도록 만들 것이니 지금부터 영어를 열심히 공부해라... 안 죽을 테니까.'라고 말한 다음 사라져 버렸어요"(CTS, 「내가 매일 기쁘게」, 2014년 방송 자료).

성경 어디에도 부활하신 예수 그리스도께서 "흰 두루마기"를 입고 나타나신 적이 없다. 인류의 죄를 제거하시려고 십자가에 못 박혀 죽으셨을 때, 아리마

대의 부자 요셉이 그분의 시체를 가져다가 깨끗한 "세마포"로 싸서 무덤에 안치하긴 했어도, 예수님께서는 그 세마포를 무덤 한쪽에 놔두시고 부활하셨다(요 20:5-7). 더욱이 예수님의 머리 모양은 "히피족"처럼 어깨까지 늘어뜨린 곱슬곱슬한 긴 머리카락이 아니다. 그것은 로마카톨릭의 화가들이 "예수님의 얼굴"을 묘사할 때 즐겨 그리는 "쟈니"(Johnny)의 모습이다. 사실 이것은 장차 대환란 기간에 등장할 "적그리스도의 초상화"이기도 하다. 예수님께서는 짧고 새까만 머리에 검은 눈동자를 지니신 "셈족" 유대인이셨다는 사실을 기억해야 한다.

특히 조 목사가 당시에 정말로 예수님을 만났고, 또 구원받은 것이 옳다면, 곧바로 "주님"이라고 고백했을 것이다. 주님의 부활을 의심했던 "도마"는 부활하신 예수님께서 『**네 손가락을 이리 내밀어 나의 손을 보고 너의 손을 내밀어 내 옆구리에 넣어 보라. 그리하여 믿음 없는 자가 되지 말고 믿는 자가 되라.**』(요 20:27)라고 말씀하셨을 때, 『**나의 주, 나의 하나님이여.**』(요 20:28)라고 고백했다. 다마스커스로 가는 도중에 예수님을 만난 바울도 『**주여, 내가 어떻게 하기를 원하시나이까?**』(행 9:6)라고 하면서 "주"라고 고백했다. 『**누구든지 주의 이름을 부르는 자는 구원을 받으리라. 그런즉 그들이 믿지 아니한 이를 어찌 부르리요? 듣지도 못한 이를 어찌 믿으리요? 전파하는 자가 없이 어찌 들으리요?**』(롬 10:13,14) 하지만 조 목사는 "예수님"을 봤다고 하면서도 "주님"이라고 부르지 않았다. 오히려 예수님의 얼굴이 잘 안 보였는지 "정말로 예수님이시라면 더 잘 보이게 가까이 와 달라"고 부탁했다고 한다. 그러나 그의 요구는 거절당했다.

더군다나 복음 전파를 위해 "영어"를 열심히 공부하라고 지시하시며 "학업"에까지 관심을 보이시는 자상하신 주님이시라니! 『**보라, 내가 나의 아버지께서 약속하신 것을 너희 위에 보내노라. 그러나 높은 곳으로부터 능력을 입을 때까지 예루살렘 도성에서 기다리라.**』(눅 24:49)라고 하셨고, 『**성령께서 너희에게**

임하시면 너희가 능력을 받으리니 그러면 예루살렘과 온 유대와 사마리아와 땅 끝까지 이르러 내게 증인이 되리라.』(행 1:8)라고 말씀하신 예수님의 모습과 달라도 너무 다르지 않은가! 더욱이 "방언"에 대해 그렇게 강조하던 은사주의 목사가 "영어 공부를 열심히 하라"는 명령을 주님으로부터 받았다고 간증하는 것 자체가 너무 우습지 않은가? 온 천하에 복음을 전하게 하려고 한다면서 "영어"라는 "방언"(외국어) 하나 할 수 있는 능력도 못 주시는 분이라니, 그래서 열심히 공부하라니, 너무 은사주의 목사답지 않은 발상이지 않던가? 도대체 누구를 속이려 하는가?

그렇다면 그가 그날 밤에 만난 존재는 누구인가? 성경의 예수 그리스도(하나님)가 아니라 "빛의 천사로 가장한 사탄"이었음이 분명하다! 왜냐하면 "희고 빛난 사람"은 이만희를 사이비 집단(신앙촌의 박태선)을 따라다니게 하더니 또 하나의 사이비 집단(신천지)의 교주가 되게 했고, "흰 두루마기를 입은 사람"은 조 목사에게 "아, 신라의 달밤이여, 불국사의 종소리 들려온다"라는 노래를 집안이 떠나가도록 크게 부르게 해 놓고 1년 만에 병을 낫게 해 주었기 때문이다. 조 목사는 이 이야기를 동국대학교 불교대학원 최고위 과정 학생들을 대상으로 한 강연회에서 했는데, 특히 그 강연에서 "기독교든 불교든 이슬람교든 모든 종교는 평등합니다. 불교는 불교만의 구원의 메시지가 있고, 기독교는 기독교만의 메시지가 있습니다. 그 차이를 인정하고 대화해야 합니다. 종교가 다르다고 해서 싸우는 것은 자비와 사랑의 원리에 어긋난 행동입니다."(〈뉴스앤조이〉 2004년 5월 13일 기사 내용)라는 망언도 서슴지 않았다.

새에덴교회의 소강석 목사는 "조용기 목사는 나의 '아이돌'이고 '꿈'이었다." 라고 말했다. 은퇴 당시 교회로부터 선교비 600억 원, 퇴직금 200억 원을 받아 챙겼고, 여느 재벌 그룹 총수 못지않게 순복음교회 산하에 있는 국민일보, 한세대학교를 비롯한 각종 기관을 아내와 세 아들이 운영하게 했으며, 교회 돈 131억 원을 배임한 혐의로 징역 2년 6개월, 집행유예 4년을 확정받은 자를 "아이돌"로 여기다니, 과연 소 목사는 제정신인가?

지옥에서 구원받을 수 있는 유일한 "출구"는 예수 그리스도이시다. 하지만 그 출구는 이 땅에 살아 있을 때만 발견할 수 있다. 일단 이 땅에서 숨을 거두고 나면 더 이상의 출구는 존재하지 않는다. "지옥"에는 "출구"가 없기 때문이다. 물론 지옥에는 "문들"이 있고, 그 문들이 가로지르는 "빗장들"이 있고, 그 문들을 열고 닫을 수 있는 "열쇠들"이 있다. 그러나 일단 지옥으로 들어간 이상 그 문들은 굳게 닫히고 만다. 지옥과 사망의 열쇠들을 가지신 분이 그 문들을 잠가 버리시기 때문이다. 그분이 누구이신가? 예수 그리스도시다. 오직 이 땅에 살아 있으면서 지옥과 사망의 열쇠들을 지니신 예수 그리스도를 믿고 영접한 그리스도인들만이 지옥과 사망의 권세로부터 자유로울 수 있는 것이다. "긍정적인 사고방식"이나 "꿈," "상상력," "잠재력," "4차원의 영성" 등으로는 절대로 구원받을 수 없는 것이다!

■ 새롭게 깨달았거나 적용할 내용이 있다면 적어 보세요. ■

NOTES

NOTES

<추 천 도 서>

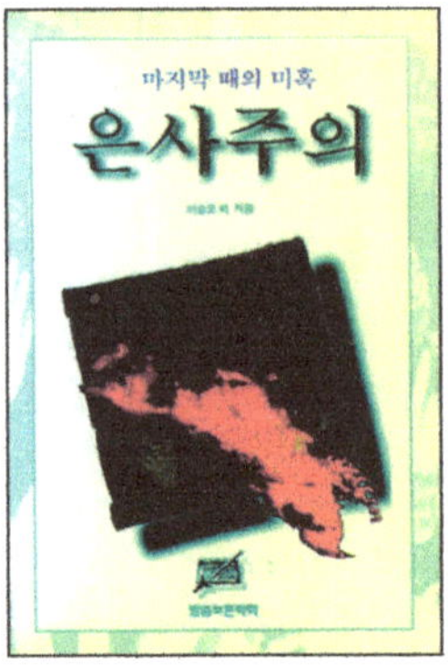

마지막 때의 미혹 은사주의

이송오 외 지음 / 168쪽

3,200원(eBook 1,900원)

은사주의는 사도들의 표적을 가장하여 배교한 기독교인들을 하나로 묶으려 한다.

조용기 목사, 그는 참으로 하나님께 쓰임받는 종인가?

이송오 지음 / 112쪽

4,000원(eBook 2,900원)

소경이 소경을 인도하면 그들의 생의 종국은 지옥에서 영원히 고통받는 것이다.

은사주의자들의 방언과 치유는 사기다

피터 럭크만 지음 / 86쪽

5,000원(eBook 3,500원)

은사주의자들은 거짓말의 아비인 마귀의 종들이기에 사기를 일삼는다.

은사주의자들의 광란

피터 럭크만 지음 / 416쪽

9,000원(eBook 6,300원)

본서는 펜사콜라 브라운즈빌에서 일어나고 있는 은사주의 운동에 대해 비평해 놓은 책이다.

솔로몬 성경공부 시리즈

한국 교회를 망친 은사주의

초판인쇄 2022년 3월 31일
초판발행 2022년 4월 1일
지 은 이 / 편 집 부
발 행 인 / 박 승 용
발 행 처 / 말씀보존학회
출판등록 / 1988. 12. 12. 제16-223호
주 소 / 서울 강서우체국 사서함 제90호
전 화 / (02) 2665 - 3743
팩 스 / (02) 2665 - 3302
인 터 넷 / www.biblemaster.co.kr

값 5,000 원